KB188841

I CAN

Do What the Bible Says I Can Do

나는 할 수 있다

성경이 내가 할 수 있다고 말씀하는 것을

초판1쇄   2022년 1월 10일

지은이   제이크 프로방스 & 키이스 프로방스
옮긴이   한길환
펴낸이   이규종
펴낸곳   엘맨출판사
등록번호   제13-1562호(1985.10.29.)
등록된곳   서울시 마포구 토정로 222
         한국출판콘텐츠센터 422-3
전화   (02) 323-4060, 6401-7004
팩스   (02) 323-6416
이메일   elman1985@hanmail.net
         www.elman.kr

ISBN   978-89-5515-011-7 03230

값 11,500 원

나는 할 수 있다

성경이 내가 할 수 있다고 말씀하는 것을

제이크 프로방스 & 키이스 프로방스 지음

한길환 옮김

I CAN

Do What the Bible Says I Can Do

엘맨
하나님의 사람을 만들어 가는 ELMAN

목차

Table of Content

옮긴이의 글

 이 책은 지은이의 베스트 셀러 8권 중 마지막 편이다. 우리는 그리스도 안에서 모든 것을 할 수 있다. 그러나 우리는 무엇을 할 수 있는지를 구체적으로 모른다.

 필자는 그리스도 안에서 우리가 무엇을 할 수 있는지를 구체적으로 그 목록을 제시하고 우리가 그것을 왜 할 수 있고, 어떻게 할 수 있는지를 성경 말씀을 통해서 풀어나간다.

 매사에 자신감이 없고 의기소침한 분들에게 이 작은 책을 통해서 자신의 정체성을 확실히 찾고, 자신감 넘치는 삶을 살아가기를 간절히 바란다.

 충남 홍성 '생명의 강가' 작은 서재실에서 한길환 목사

Translator's writing

This book is the last of eight best-selling books by the author. We can do everything in Christ. But we don't know specifically what we can do. The author presents a specific list of what we can do in Christ and solves why we can do it and how we can do it through the Bible's words. I sincerely hope that those who are not confident and depressed in everything will find their identity and live the confident life through this small book.

In a small study by Hongseong River of Life

Pastor Han Gil-hwan

머리글

대부분의 그리스도인들은 하나님이 그들에게 원하시는 성취, 기쁨, 삶의 질보다 훨씬 낮은 수준으로 살고 있다. 그러나 그것은 하나님이 의도하신 것이 아니다! 그리스도와의 관계를 통해 그리고 하나님의 말씀의 능력으로 우리는 모든 것을 할 수 있다는 것을 깨닫는 것이 극히 중요하다. 그분이 우리에게 하라고 말씀하신 것이 무엇이든지, 그분은 지시, 은혜, 권한, 일에 필요한 능력, 그리고 그것을 하는 데 필요한 도움을 제공하신다!

하나님은 바로 그분 자신의 영을 보내셔서, 우리 안에 거하게 하시고 우리에게 힘을 주시고, 위로해 주시고, 우리가 항상 성취하도록 계획하셨던 삶으로 우리를 인도해 주셨다. 우리는 우리 안에 살아계시는 죽은 자 가운데서 그리스도를 살리신 동일한 영이 계신다! 그리스도인의 조건은 하루 하루 간신히 그것을 헤쳐나가는 생존의 삶이 아니다. 우리는 하나님의 말씀을 우리 영혼의 닻으로 삼고, 하나님의 자녀로서 우리에게 주신 은사를 활용하고, 성령의 인도하심과 능력에 의존하여 하늘의 뜻을 주신 우리의 하나님을 향해 공격적으로 전진하는 믿음의 삶을 살도록 부르심을 받았다!

하나님은 성도의 삶이 도전이 없는 삶이 될 것이라고 결코 약속하지 않으셨다. 그분은 이러한 도전에 정면으로 맞서고 그것을 극복할 수 있는 힘과 동반자 관계를 약속하셨다. 우리는 부름을 받고, 준비되어 있으며, 초자연적으로 우리의 삶을 변화시킬 수 있는 권한을 부여 받았으며, 다른 사람들의 삶에 강력한 영향을 미친다.

우리는 전능하신 하나님의 아들과 딸이다. 우리는 우리 자신의 삶에서 동정심을 찾고 희생자처럼 행동해서는 안된다. 폭풍이 불면 아버지 하나님을 신뢰하고 의지 할 때 우리 아버지 하나님과의 더 큰 친밀감이 구축될 것이다. 우리가 위기의 불타는 도가니에 있을 때, 우리는 삶의 가장 큰 도전보다 하나님의 말씀을 더 높이 평가할 때, 우리의 믿음이 시험을 받고 강화되고 정화될 것임을 확신할 수 있다. 이 세상의 삶이 우리에게 던질 수 있는 것을 우리가 극복할 수 없는 것은 없다! 우리는 하나님에 대한 흔들리지 않는 믿음으로 삶의 어려움을 극복하도록 부르심을 받았다. 결코 실패하지 않고, 생명을 부여하고, 속박을 깨고, 생명을 주고, 그리고 하나님의 말씀의 믿음을 낳는 본질에 대한 강경한 확신에서 비롯된 믿음. 하나님의 말씀은 살아 있고 그분의 명령과 격려는 헤아릴 수 없는 능력을 지니고 있다. 이제 이 능력을 활용하여 당신의 자각, 능력, 삶의 질을 하나님이 당신을 위해 정하신 수준으로 끌어 올릴 때이다.

나는 당신이 계속 읽고 하나님이 당신의 과거를 치유하시도록 하고, 당신의 현재에 힘을 실어주시도록 하고, 당신의 미래를 명확히 하시도록 하기를 권장한다. 성경이 당신이 할 수 있다고 말씀하는 것을 행할 때다.

Introduction

Most Christians live far below the level of fulfillment, joy, and quality of life that God desires for them. But that is not what God intended! It is essential for us to come to the realization that, through our relationship with Christ and by the power of God's Word, we can do all things. Anything He has told us to do, He provides along with the directive, the grace, empowerment, equipment, and help necessary to do it!

God sent His very own Spirit to dwell within us to empower, comfort, and guide us into the life He had always planned for us to have. We have the same Spirit that raised Christ from the dead living in us! The Christian condition is not a life of survival, barely making it through day by day. We are called to live a life of Faith, aggressively advancing under fire towards our God given destiny, with God's Word as the anchor for our souls, utilizing the gifts afforded to us as God's children, and depending on the Holy Spirit leadings and empowerments!

God never promised that the life of a believer would be one without challenges. He did promise the power and companionship to face these challenges head on—and to triumph over them. We are called, equipped, and super- naturally empowered to change our lives—and have a powerful impact on the lives of others.

We are sons and daughters of the Almighty God; we are not to look for pity and act like victims in our own lives. When the storm winds blow, a greater intimacy with our Father God will be forged as we trust in and rely on Him. When we find ourselves in the fiery crucible of crisis, we can be confident knowing that our faith is going to be tested, strengthened, and purified as we esteem the Word of God higher than life's greatest chal- lenges. There is nothing this life can throw at us that we can't overcome! We are called to rise above life's difficulties with an unshake- able faith in God. A faith that comes from an uncompromising conviction in the never- failing, life-empowering, bondage-breaking, life-giving, and faith-producing nature of the Word of God. God's words are alive, and His commands and encouragements carry with them immeasurable power. It's time to tap into this power and elevate your perception, ability, and quality of life to the level God destined for you.

I encourage you to read on and let God heal your past, empower your present, and clarify your future. It is time to do what the Bible says you can do.

1장

나는 나의 삶을 바꿀 수 있다

당신은 당신의 삶을 완전히 변화시킬 힘이 있다. 희생자에서 승리자로, 실패에서 성공으로, 두려움에서 평화로 나아가고 싶은가? 당신은 우울함에서 기쁨으로, 불안함에서 자신감으로, 혼란에서 명료함으로, 갇힌 상태에서 자유로움으로 나아갈 수 있다! 성경은 이 변화의 과정을 "당신의 마음을 새롭게 하는 것"이라고 말씀한다. 당신이 거듭났을 때 당신의 영은 다시 태어났지만 마음은 그렇지 않았다.

당신의 마음을 새롭게 하는 것은 당신이 기대하는 것과 정확히 일치한다. 그것은 생각하는 방식을 재교육하는 과정이다. 당신의 마음은 이 시점까지 당신의 모든 경험(좋은 것과 나쁜 것)의 결과이다. 당신의 경험은 당신이 누구인지의 큰 부분을 형성했다. 그러나 당신은 당신에게 일어난 것 이상이다. 당신은 하나님의 자녀이다. 하나님은 당신을 세밀하게 창조하셨다. 그리고 그분은 당신을 위해서가 아니라 당신을 통해 성취하시기를 원하시는 열정, 은사, 재능 및 성취 목적을 당신 안에 두셨다.

당신의 마음을 새롭게 하는 것은 다른 사람들이 말하는 것, 당신의 과거가 말하는 것, 심지어 당신의 현재 상황이 당신에 대해 말하는 것

대신 당신이 하나님이 당신이 누구인가에 대해서 말씀하시는 것과 동일시하는 것을 선택하는 것이다. 당신은 성경(당신을 위한 하나님의 살아있는 메시지)을 읽고 묵상하여 하나님이 당신을 위해서 당신 안에서 행하시는 모든 일에 집중함으로써 당신의 마음을 새롭게 한다. 이 세상의 부패로 당신의 눈과 귀를 가득 채우는 대신 당신은 하나님의 말씀에 몰두한다.

하나님은 우리의 아바 아버지이시며, 당신이 마음을 새롭게 할 때, 당신은 그분이 당신을 보시는 방식을 채택하고, 그분이 당신에게 주신 선물을 받아들이고, 그분이 당신이 할 수 있다고 말씀하신 것을 성취한다! 하나님은 당신을 창조하시고 당신의 모든 재능, 열정, 꿈을 당신 안에 두셨다. 그분은 당신이 누구이며 무엇을 할 수 있는지 정확히 알고 계신다. 당신의 경험이 당신에게 완전히 다른 것을 말할 때 그분이 당신이 누구라고 말씀하셨는지, 그분이 당신이 가지고 있다고 말씀하신 것을 붙잡으려면 믿음이 필요하다.

그것이 당신의 마음을 새롭게 하는 과정이 매일의 과정인 이유이다. 당신은 당신이 보고 듣는 것과 궁극적으로 당신이 생각하는 것에 대해 끊임없이 경계를 유지하는 것이다. 우리가 매일 이렇게 할 때, 우리는 우리 자신의 가장 행복한 변형, 즉 하나님이 항상 우리에게 의도하셨던 즐겁고 평화롭고 자신감 있는 변형으로 변화하기 시작하는 것이다. 우리의 과거를 그분의 약속으로 바꿀 때, 우리의 꿈, 열정, 목적이 더욱 분명해지고 하나님에 대한 우리의 사랑은 그분을 기쁘시게 하려는 우리의 열망과 함께 커진다.

Chapter 1

I Can Transform My Life

You have the power to transform your life completely. Do you want to go from victim to victor, from a failure to a success, from fearful to peaceful? You can go from depressed to joyful, from insecure to confident, from confusion to clarity, from being trapped to being set free! The Bible calls this transformation process "renewing your mind." When you were born again, your spirit was reborn, but your mind was not.

Renewing your mind is exactly what you'd expect—the process of retraining the way you think. Your mind is the result of all of your experiences—good and bad—up to this point. Your experiences have shaped a large part of who you are. However, you are more than what has happened to you; you are a child of God. God wonderfully crafted you, and He placed passions, gifts, talents, and a fulfilling purpose in you that He wants to accomplish— not for you but through you.

Renewing your mind is choosing to iden- tify with who God says you are instead of what others have said, what your past says, or even what your present circumstances say about you.

You renew your mind by reading and medi- tating on the Scriptures—God's living message to you—and focusing on all that God has done for you and in you. Instead of flooding your eyes and ears with the corruption of this world, you immerse yourself in God's Word.

God is our Abba Father, and when you renew your mind, you adopt the way He sees you, accept the gifts that He has given you, and accomplish the things He said you can do! God created you and placed all your talents, passions, and dreams inside you. He knows exactly who you are and what you can do. It takes faith to hold on to what He says you are, what He says you have, and what He says you can do when your experiences tell you something entirely different.

That's why the process of renewing your mind is a daily one; you are constantly keeping a guard over what you watch and listen to, and, ultimately, what you think about. As we do this, day by day, we begin to transform into the happiest version of ourselves—the joyful, peaceful, and confident version that God always intended us to be. As we exchange our past for His promise, our dreams, passion, and purpose become more evident, and our love for God grows along with our desire to please Him.

† 성경

"오직 마음을 새롭게 함으로 변화를 받아 하나님의 선하시고 기뻐하시고 온전하신 뜻이 무엇인지 분별하도록 하라."

- 롬 12:2

"그런즉 누구든지 그리스도 안에 있으면 새로운 피조물이라 이전 것은 지나갔으니 보라 새 것이 되었도다."

- 고후 5:17

"너희는 유혹의 욕심을 따라 썩어져 가는 구습을 따르는 옛 사람을 벗어 버리고 오직 너희의 심령이 새롭게 되어 하나님을 따라 의와 진리의 거룩함으로 지으심을 받은 새 사람을 입으라."

- 엡 4:22-24

Scriptures

Do not be conformed to this world (this age), fashioned after and adapted to its external, superficial customs, but be trans- formed (changed) by the entire renewal of your mind by its new ideals and its new atti- tude, so that you may prove for yourselves what is the good and acceptable and perfect will of God, even the thing which is good and acceptable and perfect in His sight for you.

– ROMANS 12:2 (AMPC)

Therefore if any man be in Christ, he is a new creature: old things are passed away; behold, all things are become new.

– 2 CORINTHIANS 5:17 (KJV)

And he has taught you to let go of the lifestyle of the ancient man, the old self - life, which was corrupted by sinful and deceitful desires that spring from delusions. Now it's time to be made new by every revelation that's been given to you. And to be transformed as you embrace the glorious Christ-within as your new life and live in union with him! For God has re-created you all over again in his perfect righteousness, and you now belong to him in the realm of true holiness.

– EPHESIANS 4:22-24 (TPT)

당신의 삶에 이 말을 선포하라

나는 매일 변화되고 있다. 나의 생각, 행동, 감정은 하나님의 말씀으로 형성되고 있다. 나는 내 삶에서 일어나는 질문에 대한 답을 주님께 의지한다. 그리고 세상의 지혜에 의지하는 것을 거부한다. 나는 하나님 말씀의 진리를 받아들이고 그에 따라 행동할 때 지혜가 점점 더해지고 있다. 나는 내 길에 다가오는 문제, 시험 또는 어떤 위기의 영향을 받지 않을 것이다. 나는 하나님의 말씀의 완전무결함에 자신을 단단히 심고 확고히 굳힐 것이다. 나의 관점은 하나님의 말씀에 있는 변화시키는 원리를 적용할 때, 명확성과 이해력을 얻음에 따라 날이 갈수록 더욱 경건해지고 있다. 내 마음이 변화되어 가면서 나는 내 삶에 대한 하나님의 계획과 목적을 영적으로 더 잘 알고, 내 삶에 대한 하나님의 뜻에 따라 믿고 행동하는 능력이 점점 강해지고 있다. 나는 하나님의 말씀의 선물을 소중히 여기고 존중하며, 그것을 내 삶에서 가장 높은 곳에, 최종권위로 간직할 것이다.

Speak These Words Over Your Life

I am being transformed daily. My thoughts, actions, and emotions are being shaped by the Word of God. I rely on the Lord for answers to the questions that arise in my life, and I refuse to depend on the wisdom of the world. I am growing in wisdom and stature as I absorb and act on the truth of God's Word. I will not be influenced by the problems, tests, or any crisis that comes my way. I will remain firmly planted and established in the integrity of God's Word. My perspective is becoming more godly day by day as I gain clarity and understanding as I apply the transforming principles found in God's Word. As my mind is being transformed, I am becoming more spiritually aware of God's plan and purpose for my life and increasing in my ability to believe and act according to His will for my life. I value and honor the gift of God's Word, and I will keep it in the highest place, as the final authority, in my life.

2장

나는 중독을 억제할 수 있다

이것은 당신에게 충격을 줄 수 있지만 당신은 중독되도록 창조되었다. 우리가 자연스런 귀결로, 성장함에 따라, 우리는 점점 더 독립적으로 성장해야 한다. 그러나 우리가 영적으로 성장함에 따라 우리는 점점 더 하나님께 의존적으로 성장해야 한다. 우리는 그분의 임재에 대한 갈망을 발전시키고 그분의 방향과 평화와 기쁨에 점점 더 의지한다.

하나님은 우리를 그분의 자녀가 되고 그분(그분의 임재)과 함께 있는 것에 중독되어 살도록 창조하셨다. 그분은 우리가 우리의 하늘 아버지와 진정한 관계 안에서 삶의 흔쾌한 기분과 만족을 항상 알기를 원하셨다. 그러나 사탄은 하나님과 밀접한 관계를 맺는 삶의 대용품 역할을 하는 값싼 "모조품"을 설계했으며, 그것은 당신의 열정을 훔치고 당신의 효율성을 둔화시키기 위해 고안된 강력한 무기이다.

대부분의 사람들은 그것이 마약이든, 술이든, 흡연이든, 포르노, 도박이든, 또는 무수한 다른 것들이든 그들의 중독이 해롭다는 것을 안다. 그것의 파괴적인 특성을 받아들이는 것이 문제가 아니다; 우리는 중독을 극복하려고 할 때 절망적이고 무력감을 느낀다. 당신은 당신이 찾을 수 있는 모든 책을 읽고 수 천 번의 기도를 하고 지원 단체에 가입하고 중독에 대해서 당신이 생각할 수 있는 다른 모든 것을 했을지도 모른다. 혹은 내적 전쟁의 한복판에 있을 수도 있고, 모든 관계와 긍정적인 상호작용으로 더 고립감을 느끼는 이중적인 삶을 살고 있을 수도 있다. 왜냐하면 그들은 "진짜" 당신이 아니라 당신이 칭찬하거나 가장하는 사람과 연결시키려고 하기 때문이다. 그러나 그들은 당신이 "진짜" 당신이 아니다. 중독은 항상 고립되고 결국 그런 일로 분투하는 모든 사람들이 같은 결론에 도달한다. "나는 이 일을 극복할 수 없다."

사실은, 그것은 정확히 옳다. 당신은 중독을 홀로 극복할 수는 없고, 당신은 아마도 자신이 강하지도, 극복할 수 있을 만큼 훈련되지도 않았다고 느낄 수도 있다.

하지만 기쁜 소식이 있다. 당신은 혼자가 아니며 당신은 결코 혼자가 될 수 없다. 하나님은 당신과 함께 계시고, 하나님은 당신 안에 계시고, 하나님은 당신을 위하시고, 그분은 당신 편이시다. 그분의 도움으로 당신은 이길 것이다! 성경은 당신이 성령 안에서 행하면 당신의 육적인 욕망을 만족시키지 못할 것이라고 말씀한다. 이것은 당신이 그리스도와 연합된 당신의 삶을 살 수 있다는 것을 의미한다! 그것은 중독을 끊는 것만으로는 충분하지 않다. 당신은 하나님을 의지하는 삶을 위해 중독에 대한 의존성을 대체해야 한다. 그분은 당신을 그분과 친밀한 관계에 있도록 창조하셨다. 그 밖의 다른 어떤 것도 만족시킬 수 없다.

당신이 가장 약한 곳에 있을 때, 하나님은 가장 강한 곳에 계신다. 탈출해야 할 때 그분 앞으로 탈출하라. 당신이 중독에 굴복하고 싶을 때 대신 하나님께 굴복하라. 성경과 그분의 성령을 통해 발견된 그분의 지혜와 능력을 활용하라. 그분 앞에 그분 앞에서 당신의 마음을 털어놓고, 중독을 이겨내기 위해서 그분과의 관계를 통해서 자비와 힘을 사용하라.

Chapter 2

I Can Beat Addiction

This may shock you, but you were created to be addicted.

As we grow up in the natural, we should grow more and more independent. But as we grow up spiritually, we are to grow more and more dependent—on God. We develop a longing for His presence and rely more and more on His direction, peace, and joy.

God created us to be His kids and to live addicted to being with Him—His presence. He wanted us to always know the elation and satis- faction of living in a genuine relationship with our Heavenly Father. However, Satan has designed cheap "knock-offs" that try to serve as substitutes for living in close connection with God, and they are powerful weapons designed to steal your passion and dull your effectiveness.

Most know their addiction is harmful, whether it is drugs, alcohol, smoking, pornog- raphy, gambling, or a myriad of other things. Accepting its destructive nature is not the issue; we feel desperate and helpless when we try to overcome our addictions. You may have read every book you could find, prayed a thousand prayers, joined support groups, and done anything else you could think of. Or you may be in the midst of an internal war, living a double life where you feel more isolated with every rela- tionship and every positive interaction, because they are complimenting or trying to connect with who you are pretending to be, and not the "real" you. Addictions always isolate, and eventually all who struggle with such things come to the same conclusion—"I can't beat this thing."

The truth is, that's exactly right. You alone cannot beat addiction, and you probably feel you aren't strong or disciplined enough to overcome.

But I have good news: you are not alone, and you never will be alone. God is with you, God is in you, God is for you, and He is on your side. With His help, you will overcome! The Bible says if you walk in the Spirit you will not gratify your fleshly desires. This means you can live your life united with Christ! It's not enough to quit the addiction; you must replace your dependency on it for a life of depending on God. He created you to be in an intimate rela- tionship with Him, and nothing else will satisfy.

When you are at your weakest, God is at His strongest. When you need to escape, then escape into His presence. When you feel like giving in to your addiction, give into God instead. Utilize His wisdom and power found through the Bible and His Spirit. Bare your heart before Him, and use the mercy and power of His relationship to beat addiction.

† 성경

"사람이 감당할 시험 밖에는 너희가 당한 것이 없나니 오직 하나님은 미쁘사 너희가 감당하지 못할 시험 당함을 허락하지 아니하시고 시험 당할 즈음에 또한 피할 길을 내사 너희로 능히 감당하게 하시느니라."

- 고전 10:13

"그런즉 너희는 하나님께 복종할지어다 마귀를 대적하라 그리하면 너희를 피하리라."

- 약 4:7

"우리에게 있는 대제사장은 우리의 연약함을 동정하지 못하실 이가 아니요 모든 일에 우리와 똑같이 시험을 받으신 이로되 죄는 없으시니라 그러므로 우리는 긍휼하심을 받고 때를 따라 돕는 은혜를 얻기 위하여 은혜의 보좌 앞에 담대히 나아갈 것이니라."

- 히 4:15-16

Scriptures

The temptations in your life are no different from what others experience. And God is faithful. He will not allow the temptation to be more than you can stand. When you are tempted, he will show you a way out so that you can endure.

— 1 CORINTHIANS 10:13 (NLT)

So submit to the authority of God. Resist the devil, stand firm against him and he will flee from you.

— JAMES 4:7 (AMP)

For we do not have a High Priest Who is unable to understand and sympathize and have a shared feeling with our weaknesses and infirmities and liability to the assaults of temptation, but One Who has been tempted in every respect as we are, yet without sinning. Let us then fearlessly and confidently and boldly draw near to the throne of grace (the throne of God's unmer- ited favor to us sinners), that we may receive mercy for our failures and find grace to help in good time for every need appropriate help and well-timed help, coming just when we need it.

— HEBREWS 4:15-16 (AMPC)

당신의 삶에 이 말을 선포하라

나는 나를 강하게 하시는 그리스도를 통해 모든 것을 할 수 있다. 그것은 중독을 이기는 것도 포함된다. 내가 어떻게 느끼든, 내가 중독에 몇 번이나 굴복했든, 내가 이 분야에서 얼마나 오랫동안 실패를 경험했든, 나는 이 중독에서 자유롭다는 것을 믿음으로 선포한다. 중독에 대한 생각, 감정, 욕구가 올 수 있지만, 나는 주 안에서 강하고 그분의 힘의 능력이 있기 때문에 포기하지 않을 것이다. 나는 이기는 사람이고 중독은 하나님이 주신 운명을 성취하기 위한 길에서 단지 극복할 또 다른 것일 뿐이다. 나의 과거는 용서를 받았고, 나의 현재는 그리스도와 나의 연합으로 힘을 얻고, 나의 미래는 나의 약속된 운명으로 밝다!

Speak These Words Over Your Life

I can do all things through Christ who strengthens me, and that includes beating addiction. Regardless of how I feel, how many times I have given into my addiction, or how long I've experienced failure in this area, I declare by faith I am free from this addiction. Though thoughts, feelings, and desires for the addiction may come, I will not give in because I am strong in the Lord and the power of His might. I am an overcomer, and addiction is just another thing that I overcome on my path to accomplishing my God-given destiny. My past is forgiven, my present is empowered by my union with Christ, and my future is bright with my promised destiny!

3장
나는 내 일을 지혜롭게 처리할 수 있다

성경은 지혜가 원칙이라고 말씀한다. 그러니 가서 가져 오라! 하나님은 지혜를 얻는 것을 우리의 최우선 순위로 두신다! 사람들이 "지혜"라는 말을 들을 때, 그들은 종종 그들의 다년간의 경험 덕분에 놀라운 통찰력을 공유하는 하얀 머리카락을 지닌 노인을 묘사한다. 이 묘사는 진실이 있지만 지혜는 시간의 흐름을 통해서만 얻을 수 있다는 의미를 내포할 수 있다. 그러나 지혜는 오로지 개인적인 경험이나 나이를 통해서가 아니라 열린 마음과 기울이는 귀를 통해서 얻는다. 하나님은 심지어 이렇게 말씀하셨다.

"너희 중에 누구든지 지혜가 부족하거든 모든 사람에게 후히 주시고 꾸짖지 아니하시는 하나님께 구하라 그리하면 주시리라."(약 1:5)

우리 아버지 하나님으로부터 나오는 지혜는 우리가 단지 그분께 구하기만 하면 우리를 위해 준비되어 있고 이용 가능하다! 이것은 기독교의 가장 잘 활용되지 않는 선물 중 하나이다. 우리는 너무 바빠서 그분의 말씀을 읽고 기도하기 위해 휴식을 취할 여유가 없다고 생각한다. 그러나 사실, 우리는 그렇게 하지 않을 수 없다! 때때로 삶의 압박은 우리에게 결정을 통해 차분하고 잘 생각하는 대신 경솔하고 감정적이며 비이성적인 결정을 하도록 강요한다. 그러나 결정하기 전에 하나님의 인도하심을 구하는 것에 덧붙여 대비를 하고, 장단점을 평가하고, 신뢰할 수 있는 친구나 전문가의 조언을 구하는 것이 지혜다.

하나님은 그분의 지혜와 통찰력을 성경에 부어 주셨다. 그러나 우리는 이미 하나님이 그분의 말씀에서 우리에게 하라고 말씀하신 일을 찾기 위해 시간을 들이지 않고 너무 자주 하늘의 응답을 받기 위해서 기도하고 있다. 성경을 읽고 그분의 구체적인 행동과 말씀의 원리에서 배우라.

어떤 학교에 다니고, 어떤 직업에 종사하고, 누구와 결혼하고, 어떻게 부모가 되어야 하고, 무엇을 사야 하고, 그리고 어디에 투자해야 하는지와 같은 특정한 상황에서 하나님은 가장 자주 그분의 평화를 통해 우리를 인도하실 것이다. 잠언 3장 17절은 지혜의 모든 길은 평화라고 말씀한다. 하나님은 우리의 영적 양심 또는 상담자로 평화를 사용하신다. 그분의 영은 그것을 통해 우리를 인도하시고 무엇이 우리에게 안전하고 유익한지를 알려주신다. 우리가 그 평화가 사라졌다고 느낄 때 그것은 우리에게 무엇이 위험한지 보여준다. 그러므로 하나님께 기도하고 조언을 구하고, 도움을 구하기 위해 그분의 영에 의지하고, 당신의 삶에서 그분의 평화에 민감하라. 그분의 지혜를 따르라. 그러면 당신은 놀랄만한 결과로 현명한 선택을 할 것이다.

Chapter 3

I Can Deal Wisely In My Affairs

The Bible says that wisdom is the principle thing, so go get it! God places getting wisdom as our top priority! When people hear the word "wisdom," often they picture an older indi- vidual with white hair sharing astonishing insight thanks to their many years of experi- ence. Though there is truth in this picture, it can leave us with the connotation that wisdom can only be acquired through the passage of time. However, wisdom is not gained solely through personal experience or age but through an open heart and a listening ear. God even said,

"If any of you lacks wisdom, let him ask God, who gives generously to all without reproach, and it will be given him." James 1:5 (ESV)

Wisdom from our Father God is ready and available for us if we will just ask Him! This is one of the most underutilized gifts of Christianity; we think we are too busy and can't afford to take a break to read His Word and pray. The truth is, we can't afford not to! Sometimes the pressures of life force us into making rash, emotional, and irrational deci- sions instead of calm, well thought through decisions. It's wisdom to do your homework before deciding, to weigh the pro's and con's, and to seek the counsel of a trusted friend or a professional—but only in addition to and not instead of seeking guidance from God.

God poured His wisdom and insight into the Bible, yet too often we are praying for an answer from Heaven when we haven't spent the time to find out what He already told us to do in His Word. Read it, and learn from God's specific actions and the principles of His Word.

When it comes to a specific situation such as which school to attend, which career to pursue, who to marry, how to parent, what to buy, and where to invest, God will most often lead us through His peace. In Proverbs 3, it says all wisdom's ways are peace. God uses peace as our spiritual conscience or counselor. His Spirit guides us by it and lets us know what is safe and beneficial for us. When we feel that peace is missing, it shows us what is dangerous. So, pray and seek God, lean on His Spirit for help, and be sensitive to His peace in your life. Follow His wisdom, and you'll make good choices with wonderful outcomes.

† 성경

"오직 위로부터 난 지혜는 첫째 성결하고 다음에 화평하고 관용하고 양순하며 긍휼과 선한 열매가 가득하고 편견과 거짓이 없나니."

- 약 3:17

"너희 중에 누구든지 지혜가 부족하거든 모든 사람에게 후히 주시고 꾸짖지 아니하시는 하나님께 구하라 그리하면 주시리라."

- 약 1:5

"이는 그들로 마음에 위안을 받고 사랑 안에서 연합하여 확실한 이해의 모든 풍성함과 하나님의 비밀인 그리스도를 깨닫게 하려 함이니 그 안에는 지혜와 지식의 모든 보화가 감추어져 있느니라."

- 골 2:2-3

Scriptures

But the wisdom that is from above is first pure, then peaceable, gentle, and easy to be intreated, full of mercy and good fruits, without partiality, and without hypocrisy.

– JAMES 3:17 (KJV)

If any of you lacks wisdom to guide him through a decision or circumstance, he is to ask of our benevolent God, who gives to everyone generously and without rebuke or blame, and it will be given to him.

– JAMES 1:5 (AMP)

My goal is that their hearts would be encouraged and united together in love so that they might have all the riches of assurance that come with understanding, so that they might have the knowledge of the secret plan of God, namely Christ. All the treasures of wisdom and knowledge are hidden in him.

– COLOSSIANS 2:2-3 (CEB)

당신의 삶에 이 말을 선포하라

나는 하나님의 말씀이 하나님께 지혜를 구하는 사람들은 그들이 구하는 것을 받을 것이라는 것을 보장한다는 것을 알고 있다. 그러므로 나는 지금 기도할 시간을 갖는다. "주여! 나는 나의 일에 대한 지혜를 구하나이다. 그리고 나는 당신이 내 삶에 부여한 소명을 성취하기 위한 나의 일상생활에서의 방향, 질문에 대한 응답, 명료성, 신성한 통찰력, 초자연적인 생각, 그리고 지도하심에 감사하나이다. 예수님의 이름으로 기도하옵나이다, 아멘." 하나님의 지혜가 지금 내 삶에서 작용하고 있기 때문에, 나는 하나님이 주신 명확성으로 행한다. 나는 그분의 지혜가 올 것이라는 완전한 확신을 가지고 주님의 권고하심과 지도하심을 믿고 의지하기 때문에 고통스러운 시기에 인내할 것임을 선포한다. 나는 어려운 결정에 직면했을 때 불안에 굴복하지 않을 것이다. 대신, 나는 앞으로 나아가는 방법에 대해 하나님과 그분의 지혜에 의지할 것이다.

Speak These Words Over Your Life

I know that God's Word guarantees that those who ask God for wisdom will be granted their request. So, I take this moment in time to pray: "Lord, I ask for wisdom concerning my affairs, and I thank you for direction, answers to questions, clarity, divine insights, supernat- ural ideas, and guidance in my day to day life to achieve the call you have placed upon my life. In the name of Jesus, Amen." Because God's wisdom is now operating in my life, I walk with divine clarity. I declare that I will be patient in distressing times, as I trust and lean on the Lord for His counsel and guidance with full assurance that His wisdom will come. I will not yield to anxiety when faced with diffi- cult decisions; instead, I will lean on God and His wisdom on how to move forward.

4장
나는 그리스도를 통해 모든 것을 할 수 있다

당신은 당신을 강하게 하시는 그리스도 안에서 모든 것을 할 수 있다! 대부분의 그리스도인들은 이 구절을 알고 있지만, 그 뒤에 포함된 헤아릴 수 없는 능력을 활용한 사람은 거의 없다. 대부분의 그리스도인들은 "나는 모든 것을 할 수 있다."라는 첫 번째 부분에 초점을 맞추고 상황이 힘들어지면 가장 중요한 부분인 "나를 강하게 하시는 그리스도를 통해"를 잊어버린다. 모든 피조물의 창조주는 만약 당신이 당신의 환경이 일으키는 어떤 의심도 밀어젖히고 그분을 의지할 수만 있다면 당신의 존재에 초자연적인 힘을 불어넣으실 준비가 되어 있으시다. 그리스도를 통해, 당신은 당신의 목적을 성취할 능력이 있고 당신의 삶에 불어오는 어떤 폭풍도 처리할 힘이 있다. 그분의 힘과 그분의 기쁨과 그분의 평화는 이미 당신의 것이다. 하지만 당신은 그렇게 살고 있는가?

우리 모두는 우리의 삶을 통해 실망, 도전 및 장애물에 직면한다. 때로는 생존 모드로 전환하는 것이 더 쉽다. 우리는 일주일이나 심지어 하루를 견뎌내기 위해서 기도하고 하나님을 믿는다. 그러나 하나님은 당신에게 그 이상을 원하신다! 그분의 소원은 당신이 그분께 가까이 다가가는 것이다. 당신의 힘이 실패하기 시작했을 때 당신은 그분의 힘과 그분의 원기를 활용할 수 있을 정도로 가까이 가는 것이다.

당신이 하나님과 가까워질수록, 그리고 그분을 당신의 삶으로 모셔들일수록 그분은 그 속에 더욱 스며드셔서 당신의 나약한 틈새 하나하나를 그분의 은혜와 힘으로 채워주신다. 에베소서 6장 10절은 이렇게 말씀한다. "결론적으로 주 안에서 강하라. 주님과 연합을 통해 힘을 얻으라; 그분의 무한한 힘이 제공하는 힘을 그분께로부터 끌어내라."(부연성경-AMPC)

하나님은 우리가 그분께 의지하기를 원하신다. 그분은 우리의 아버지이시며 우리가 혼자 삶을 살아가도록 설계하지 않으셨다! 그분은 당신이 그분을 온전히 신뢰하기 때문에 당신이 두려움 없이 행복하고 충만한 삶을 살기를 원하신다. 당신은 그분의 자녀이며, 그분은 당신이 함께 결승선을 통과할 수 있도록 당신과 함께 이 세상 삶의 경주를 행하시기를 원하신다! 당신이 기도로 하나님과 대화할 때, 당신이 하나님의 말씀을 읽을 때, 당신이 삶에서 그분의 뜻을 구할 때, 당신은 이 세상 삶을 초월하고 영원토록 지속될 관계를 키우는 것이다. 당신은 지금 그리고 영원히 당신의 삶에 목적, 힘, 평화, 기쁨을 불어넣을 관계에 씨앗을 심고 있다. 그러니 잠시도 자신을 의심하지 말라. 왜냐하면 하나님은 의심하지 않으시기 때문이다. 대신 정복자의 정신으로 대담하게 삶을 전진하라!

Chapter 4

I Can Do all Things Through Christ

You can do all things through Christ who strengthens you! Most Christians know this verse, but few have utilized the immeasurable power that is contained behind it. Most believers focus on the first part—"I can do all things" and when the going gets tough they forget the most important part— "through Christ who strengthens me." The Creator of every living thing is ready to infuse supernatural strength into your being—if you will only push past any doubt that your circumstances produce and rely on Him. Through Christ, you have the power to accomplish your purpose and strength to handle any storm that blows in your life. His strength, His joy, and His peace are already yours. But are you living that way?

We all face disappointments, challenges, and obstacles throughout our lives. Sometimes it is easier to switch into survival mode, where we are praying and believing God just to make it through the week or even the day. But God wants so much more than that for you! His desire is for you to get close to Him—so close that you tap into His strength and His stamina when yours begins to fail.

The closer you are to God and let Him into your life, the more He permeates it, filling every crack of weakness with His grace and strength. In Ephesians 6:10 (AMPC) it reads, "In conclusion, be strong in the Lord be empowered through your union with Him; draw your strength from Him that strength which His boundless might provides."

God wants us to lean on Him. He is our Father, and He did not design us to walk through life alone! He wants you to walk through life happy and fulfilled, completely void of fear, because you trust in Him completely. You are His child, and He wants to run this race of life together with you so that you cross the finish line together! When you talk to God in prayer, when you read His Word, and when you seek His will in your life, you are cultivating a rela- tionship that transcends this life and will last all of eternity. You're planting seed in a relationship that will breathe purpose, strength, peace, and joy into your life now and forever. So don't doubt yourself for a second, because God doesn't. Instead, audaciously press forward in life with the spirit of a conqueror!

† 성경

"내게 능력 주시는 자 안에서 내가 모든 것을 할 수 있느니라."

- 빌 4:13

"우리 가운데서 역사하시는 능력대로 우리가 구하거나 생각하는 모든 것에 더 넘치도록 능히 하실 이에게 교회 안에서와 그리스도 예수 안에서 영광이 대대로 영원무궁하기를 원하노라 아멘."

- 엡 3:20-21

"그의 영광의 힘을 따라 모든 능력으로 능하게 하시며 기쁨으로 모든 견딤과 오래 참음에 이르게 하시고."

- 골 1:11

Scriptures

I can do all things which He has called me to do through Him who strengthens and empowers me to fulfill His purpose—I am self-sufficient in Christ's sufficiency; I am ready for anything and equal to anything through Him who infuses me with inner strength and confident peace.

– PHILIPPIANS 4:13 (AMP)

God can do anything, you know—far more than you could ever imagine or guess or request in your wildest dreams! He does it not by pushing us around but by working within us, his Spirit deeply and gently within us.

– EPHESIANS 3:20-21(MSG)

We pray that you may be strengthened and invigorated with all power, according to His glorious might, to attain every kind of endurance and patience with joy;

– COLOSSIANS 1:11 (AMP)

당신의 삶에 이 말을 선포하라

　나를 강하게 하시고 내게 능력을 주시는 그리스도를 통해서 나는 모든 것을 할 수 있다. 나는 그리스도의 충만하심으로 자급자족한다. 나는 내적인 힘과 자신감 있는 평화를 내게 불어넣으시는 분을 통해 무엇이든 할 준비가 되어 있고 감당할 수 있다. 내가 인간적인 힘이 약할 때 나는 하나님의 힘으로 참으로 강하고, 능력 있고, 강력하다. 그러므로 나는 내 확신이 꺾이지 않을 것이며, 박해가 내 삶에 대한 그리스도의 부르심에서 물러나게 하지 않을 것이다. 나는 혼자가 아니기 때문에 모든 노력에 성공할 것이다. 내 안에 계신 분이 세상에 있는 그(사탄)보다 더 크시다.

Speak These Words Over Your Life

I can do all things through Christ who strengthens and empowers me. I am self-suffi- cient in Christ's sufficiency; I am ready for anything and equal to anything through Him who infuses me with inner strength and confi- dent peace. When I am weak in human strength, then am I truly strong, able, and powerful in divine strength. So, I will not falter on my convictions, and I will not let persecution cause me to draw back from the call of Christ upon my life, for I am strong in the Lord and in the power of His might. I will be successful in every endeavor because I am not alone; greater is He that is in me then he that is in the world.

5장
나는 자신 있게 살 수 있다

하나님의 자녀, 그리스도의 대사, 성령의 전-예수님은 그분의 구속을 통해 당신을 죄에서 분리하시고 이 칭호를 부여하셔서 혼란한 세상에서 흔들리지 않는 확신을 가지고 살 수 있도록 하셨다. 예수님이 이렇게 말씀하셨다.

"이것을 너희에게 이르는 것은 너희로 내 안에서 평안을 누리게 하려 함이라 세상에서는 너희가 환난을 당하나 담대하라 내가 세상을 이기었노라"(요 16:33).

많은 사람들은 자신감을 갖고 담대해지기를 원하지만 그들은 그들의 꿈과 그들의 하나님을 위해 나서거나 일어설 때 실패와 일어날 수 있는 일을 두려워한다. 당신이 당신의 불안감이나 실패로 인해 자신감을 잃었을 수도 있지만, 당신의 경험, 업적, 능력 또는 의지력에 근거한 자신감이라면 처음부터 산산조각 날 운명이었다! 그리스도인으로서 참된 확신은 성경의 하나님께 근거하며 우리 아버지 하나님이 기록하신 말씀을 믿음으로써 우리 삶에 들어온다. 그것은 우리 안에 믿음과 우리의 자신감을 치솟게 하는 그리스도와 연합을 발전시킨다. 성경은 그리스도께서 당신 안에 사시기 위해서 오셔서 당신에게 새로운 정체성을 부여하셨다고 말씀한다. 이것은 당신의 확신은 하나님이 당신이 누구라고 말씀하시는지, 하나님이 당신이 무엇을 가지고 있다고 말씀하시는지, 그리고 하나님이 당신이 무엇을 할 수 있다고 말씀하시는지에 대한 큰 신뢰로 말미암는다. 당신은 당신과 함께 그리스도가 계시고 당신 안에 그분의 신분증명서를 가지고 있기 때문에 두려워하거나 불안하거나 소심할 필요가 없다! 당신은 당신의 동맹군으로 만군의 하나님이 계시다는 확신을 가지고 삶에 다가갈 수 있다!

삶은 도전으로 가득 차 있으며 우리는 그 과정에서 거의 실수를 저지를 가능성이 높지만 하나님의 자녀로서 그들이 우리에게 우리의 확신을 잃게 해서는 안된다. 우리는 삶이 우리를 쓰러뜨릴 때 일어나고, 옷을 털어 내고, 성경이 우리를 누구라고 말씀하는지 생각나게 하고, 하나님의 은혜를 받아들이도록 하는 그분의 힘이 있다! 최종 실패는 무너지지 않고 있다. 그것은 멈춰 있다. 그러나 당신이 일곱 번 넘어져도, 당신은 하나님이 누구신지 확신하며 다시 일어날 것이며, 하나님이 당신을 위해 이 일까지도 하실 것이다.

Chapter 5

I Can Live Confidently

Child of God, Ambassador of Christ, and Temple of the Holy Spirit—Jesus, through His redemption, separated you from your sin and bestowed these titles on you so that you can walk with unshakable confidence in a world of turmoil. Jesus said,

"I have told you these things, so that in Me you may have perfect peace and confidence. In the world you have tribulation and trials and distress and frustration; but be of good cheer take courage; be confident, certain, undaunted! For I have overcome the world. I have deprived it of power to harm you and have conquered it for you." John 16:33 (AMPC)

Many desire to be confident, to be bold, but they are afraid of failure and what may happen if they step out or stand up for their dreams and their God. You may have lost your confidence along the way due to your insecu- rities or failures, but if your confidence was based on your experiences, achievements, abilities or will power, it was doomed to be shattered from the start! As a Christian, true confidence is based on the God of the Bible and enters our lives through believing the words written by our Father God. It develops faith in us and a union with Christ that causes our confidence to soar. The Bible says Christ came to live in you and placed a new identity upon you. This means your confidence is due to an uncommon trust in who God says you are, what God says you have, and what God says you can do. There is no need to be afraid, insecure, or timid because you have Christ with you and His identity in you! You are able to approach life with the assurance that you have the God of Heaven's Armies as your ally!

Life is full of challenges, and more than likely we will make mistakes along the way, but as children of God, they should not cause us to lose our confidence. We have His strength to get up when life knocks us down, dust off our clothes, remind ourselves of who the Bible says we are and accept God's grace! Ultimate failure is not getting knocked down; it's staying down. But though you may fall seven times, you will rise again, confident in who God is and that He will work even this for your good.

† 성경

"이것을 너희에게 이르는 것은 너희로 내 안에서 평안을 누리게 하려 함이라 세상에서는 너희가 환난을 당하나 담대하라 내가 세상을 이기었노라."

- 요 16:33

"우리가 이같은 소망이 있으므로 담대히 말하노니."

- 고후 3:12

"이러므로 나의 마음이 기쁘고 나의 영도 즐거워하며 내 육체도 안전히 살리니."

- 시 16:9

Scriptures

I have told you these things, so that in Me you may have perfect peace and confidence. In the world you have tribulation and trials and distress and frustration; but be of good cheer take courage; be confident, certain, undaunted! For I have overcome the world. I have deprived it of power to harm you and have conquered it for you.

– JOHN 16:33 (AMPC)

Since we have such glorious hope (such joyful and confident expectation), we speak very freely and openly and fearlessly.

– 2 CORINTHIANS 3:12 (AMPC)

Therefore my heart is glad and my glory my inner self rejoices; my body too shall rest and confidently dwell in safety,

– PSALMS 16:9 (AMPC)

당신의 삶에 이 말을 선포하라

하나님은 나에게 두려움의 영을 주지 않으시고 능력과 사랑과 건전한 마음을 주셨다. 나는 소심하거나 우유부단하지 않으며 나는 다른 사람들의 말이나 행동을 두려워하지 않는다. 나는 내일이 어떻게 될지 두려워하지 않고 나는 오늘의 도전을 어떻게 극복할 것인지 걱정하지 않는다. 이는 크신 분이 내 안에 살고 계시기 때문이다. 나는 비판과 논평이 내가 대담해지는 것을 방해하지 못하게 할 것이다. 나는 내 생각을 말하고, 내 마음을 나누고, 그것이 필요할 때마다 내 믿음을 고백하는데 담대하다는 것을 선포한다. 하나님은 나의 확신의 원천이시며, 나는 그분이 그것을 필요로 하실 때마다 나를 통해 그분의 말씀을 할 준비가 되어 있고 기꺼이 할 것이다. 나는 조용한 고립 속에서 나의 날을 보내지 않을 것이다. 대신, 나는 멈출 수 없는 자신감과 침묵할 수 없는 목소리로 나의 날을 살 것이다.

Speak These Words Over Your Life

God has not given me a spirit of fear but power, love, and a sound mind. I am not timid or indecisive, and I do not fear what other people say or do. I do not fear what tomorrow holds or worry about how I will overcome the challenges of today, for the Greater One lives in me. I will not let criticisms and comments deter me from being bold. I declare that I am bold to speak my mind, to share my heart, and to profess my faith whenever it is necessary. God is the source of my confidence, and I am ready and willing for Him to speak His words through me whenever He requires it. I will not live out my days in quiet isolation; instead, I will live out my days with a confidence that cannot be stopped and a voice that cannot be silenced.

6장

나는 영향을 미칠 수 있다

당신은 영향을 미치기 위해 무대, 군중 또는 선교지가 필요하지 않다. 당신은 세상을 더 나은 곳으로 만들기 위해 모든 것을 가질 필요도 없고, 은행에 백만 달러가 필요하거나 또는 매력 있는 인물이 될 필요가 없다.

그리스도인은 그들의 영향력을 과소평가할 수 있다. 당신은 매일 많은 사람들 즉 점원, 봉사자, 직장 동료, 친구, 그리고 물론 가족과도 접촉한다. 당신이 누군가와의 만남은 그들의 삶에 긍정적인 영향을 미칠 가능성이 있다. 많은 사람들에게 당신은 그들이 읽을 수 있는 유일한 성경이 될 수도 있고 그들이 당신을 통해서 유일하신 하나님을 볼 수도 있다. 당신은 세상에서 가장 위대한 설교자가 결코 도달하지 못할 사람들을 당신이 도달할 수 있는 사람들, 즉 지인, 친구, 동료, 가족 등이 있다. 성경은 다음과 같이 말씀한다.

"예수께서 이 열둘을 내보내시며 명하여 이르시되 이방인의 길로도 가지 말고 사마리아인의 고을에도 들어가지 말고 오히려 이스라엘 집의 잃어버린 양에게로 가라."(마 10:5-6)

당신의 만남에 거창한 몸짓을 포함하거나 심오한 진리를 공유할 필요는 없다. 당신이 대화하는 모든 사람에게 설교를 하는 것도 아니다. 따뜻한 미소, 친절한 말, 상대방의 말에 귀를 기울이는 것은 누군가의 삶에 강력한 변화를 줄 수 있다. 당신의 작은 친절한 행동이 어떤 것이든 간에, 그것이 누군가에게 식사를 사거나 커피 한잔을 사거나 시간을 내서 그들의 안부를 묻고 그들의 대답에 진정으로 관심을 줄 수 있는 몇 분 간의 시간을 내든, 그것은 그들에게 말이 할 수 없는 방식으로 하나님의 사랑을 보여주는 것이다.

성 어거스틴은 이렇게 말했다. "매일 복음을 전파하고 필요한 경우 말을 사용하십시오."

하지만, 상황이 그것을 요구할 때, 당신의 믿음으로 담대하라. 만약 당신이 누군가가 고통스러워하는 것을 본다면, 그들을 위해 기도할 수 있는지 물어보라. 대부분의 사람들, 심지어 불신자들도 만약 그들이 힘든 시간을 보내고 있다면. 기도를 받아들일 것이다. 우리는 모든 고통에 대한 치료법과 모든 문제에 대한 해결책을 가지고 있다. 그리고 그분의 이름은 예수님이시다! 당신이 하나님께 당신을 통해서 말씀하실 기회를 드릴 때 당신이 생각하는 것보다 훨씬 적은 노력으로 주변 사람들에게 상당한 긍정적인 영향을 미칠 수 있다.

Chapter 6

I Can Make a Difference

You do not need a stage, a crowd, or a mission field to make a difference. You don't need to have it all together, a million dollars in the bank, or a magnetic personality to make the world a better place.

Christians can underestimate the power of their influence. You come into contact with many people every day—clerks, servers, co- workers, friends, and of course your family. Each encounter you have with someone has the potential to have a positive impact on their life. To many people, you may be the only Bible that they will ever read and the only God they will ever see. There are people you can reach—acquaintances, friends, co-workers, family members—that the greatest preacher in the world will never reach. The Bible puts it like this:

"Don't begin by traveling to some far-off place to convert unbelievers. And don't try to be dramatic by tackling some public enemy. Go to the lost, confused people right here in the neighborhood." Matthew 10:5-6 (MSG)

Your encounter doesn't have to involve a grand gesture or sharing some profound truth. It's not preaching a sermon to everyone you talk to, either. A warm smile, a kind word, or a listening ear can make a powerful difference in someone's life. Whatever your small act of kind- ness may be, whether it's buying someone's meal or a cup of coffee or taking the time to simply ask how someone is doing and allowing yourself a few minutes to truly care about their answer, it is showing to them the love of God in a way that words can't. St. Augustine put it this way: "preach the gospel each and every day, and when necessary, use words."

However, when the situation calls for it, be bold with your faith. If you see someone in pain, ask if you can pray for them. Most people, even non-believers, will accept prayer if they are having a tough time. We have the cure for every suffering and the solution to every problem, and His name is Jesus! You can make a significant positive impact on those around you with a lot less effort than you think when you give God the opportunity to speak through you.

† 성경

"예수께서 이 열둘을 내보내시며 명하여 이르시되 이방인의 길로도 가지 말고 사마리아인의 고을에도 들어가지 말고 오히려 이스라엘 집의 잃어버린 양에게로 가라 가면서 전파하여 말하되 천국이 가까이 왔다 하고 병든 자를 고치며 죽은 자를 살리며 나병환자를 깨끗하게 하며 귀신을 쫓아내되 너희가 거저 받았으니 거저 주라."

- 마 10:5-8

"그러므로 내 사랑하는 형제들아 견실하며 흔들리지 말고 항상 주의 일에 더욱 힘쓰는 자들이 되라 이는 너희 수고가 주 안에서 헛되지 않은 줄 앎이라."

- 고전 15:58

"이에 의인들이 대답하여 이르되 주여 우리가 어느 때에 주께서 주리신 것을 보고 음식을 대접하였으며 목마르신 것을 보고 마시게 하였나이까 어느 때에 나그네 되신 것을 보고 영접하였으며 헐벗으신 것을 보고 옷 입혔나이까 어느 때에 병드신 것이나 옥에 갇히신 것을 보고 가서 뵈었나이까 하리니 임금이 대답하여 이르시되 내가 진실로 너희에게 이르노니 너희가 여기 내 형제 중에 지극히 작은 자 하나에게 한 것이 곧 내게 한 것이니라 하시고."

- 마 25:37-40

Scriptures

"Don't begin by traveling to some far-off place to convert unbelievers. And don't try to be dramatic by tackling some public enemy. Go to the lost, confused people right here in the neigh- borhood. Tell them that the kingdom is here. Bring health to the sick. Raise the dead. Touch the untouchables. Kick out the demons. You have been treated generously, so live generously."

– MATTHEW 10:5-8 (MSG)

Therefore, my beloved brethren, be firm (steadfast), immovable, always abounding in the work of the Lord always being superior, excelling, doing more than enough in the service of the Lord, knowing and being contin- ually aware that your labor in the Lord is not futile it is never wasted or to no purpose.

– 1 CORINTHIANS 15:58 (AMPC)

"Then these righteous ones will reply, 'Lord, when did we ever see you hungry and feed you? Or thirsty and give you something to drink? Or a stranger and show you hospitality? Or naked and give you clothing? When did we ever see you sick or in prison and visit you?'" "And the King will say, 'I tell you the truth, when you did it to one of the least of these my brothers and sisters, you were doing it to me!'

– MATTHEW 25:37-40 (NLT)

당신의 삶에 이 말을 선포하라

나는 매일 만나는 사람들의 삶에 영향을 미치려고 결심한다. 나는 오늘 하나님의 사랑과 빛과 생명이 나를 통해 비추도록 결심한다. 나는 내 주변 사람들이 필요한 것에 민감하며 그들의 삶에 긍정적인 영향을 미치겠다고 결심한다. 나는 나의 가족, 나의 친구들, 나의 동료들, 그리고 내 영향력의 영역 안에 있는 모든 사람들에게 친절히 배려하기로 결심한다. 나는 내 주변 사람들의 고통을 무시하거나 깨닫지 못하는 것을 거부한다. 나는 예수님의 삶을 변화시키는 힘으로 내 주변 사람들의 삶에 영감을 주고, 감화를 주고, 영향을 줄 수 있는 기회를 적극적으로 찾는 것을 마음에 목표로 한다.

Speak These Words Over Your Life

I choose to make a difference in the lives of those that I come in contact with on a daily basis. I choose to let the love, light, and life of God shine through me today. I am sensitive to the needs of those around me, and I am deter- mined to have a positive impact on their lives. I choose to be kind and considerate to my family, my friends, my co-workers, and everyone within my realm of influence. I refuse to ignore or be blind to the sufferings of those near me. I purpose in my heart to actively look for opportunities to inspire, influence, and impact the lives of those around me with Jesus' life-changing power.

7장

나는 싸울 수 있다

삶은 싸움이고, 그리스도인이 되는 것은 단순히 살아남는 대신 마침내 승리하기 위해 필요한 무기와 갑옷으로 당신을 갖추는 것이다, 성경은 모든 성도들에게 "믿음의 선한 싸움을 싸우라"고 명령한다. 이것은 어떤 사람이나 어떤 상황이 당신에게 전달할 수 있는 것보다 하나님의 약속을 믿는 쪽을 선택하는 것이다. 이것이 현실이 되면, 인생의 폭풍이 격렬해지고 역경의 파도가 당신에게 부딪힐수도 있지만, 당신은 흔들리지 않고 바위처럼 단단하게 유지될 것이다. 당신은 폭풍이 불러일으킬수 있는 그 어떤 것보다도 더 큰 힘과 사람에게 알려진 어떤 토대보다도 더 확실한 진리를 믿는다: 하나님과 그분의 말씀!

그러니 당신을 꿰뚫어 보시는 하나님께 당신의 신뢰를 두라. 눕는 것을 거부하고 삶의 상황이 당신을 때려눕히고 당신의 기쁨을 빼앗아 가지 않도록 하라. 두려워하고, 걱정하고, 스트레스를 받고, 당신을 돌보시는 하나님의 능력과 의지를 의심케 하는 시험에 맞서 싸워라. 우리의 마음속에서 일어나는 다양한 문제와 상상, 의문, 욕망을 하나님의 말씀의 진리에 노출시키고 예수님의 주권에 순응하도록 떠

맡기도록 함으로써 용감하게 싸움에 참여하라. 하나님의 말씀의 진리에 그들을 드러내고 예수 그리스도의 주권에 그들을 따르게 함으로써 우리 마음에서 일어나는 다양한 문제, 상상력, 의심 및 욕망과의 싸움을 용기있게 시작하라. 더 크신 분이 당신 안에 계신다. 예수님이 당신과 함께 계신다. 하나님은 당신을 위하신다. 그리고 당신은 하나님의 은총 안에서 행한다! 마귀와 어둠의 모든 권세자들은 당신이 그 진리 안에서 행할 때 당신에게 상대가 되지 않는다. 당신 안에는 정복자의 정신이 있다. 이제 그것을 행사할 때다!

하나님의 말씀을 읽고, 기도로 시간을 보내고, 하루종일 그분의 말씀을 큰소리로 말하라. 특히 의심의 시험을 받을 때 더욱 그렇게 하라. 장애의 첫 조짐에 무너지지 않는 영적인 결심을 개발하라. 당신을 저지하고 있는 장애물과 장벽을 밀어내기 위해 끈질긴 결심을 개발하라. 당신을 어떤 전투에서도 승리로 나아갈 수 있는 영적인 불굴의 정신을 개발하라.

이 세상의 모든 것은 당신에게 압력을 가하고, 당신이 그것의 관념과 삶의 방식을 따르도록 하려고 하지만, 우리는 그리스도인으로서 우리는 방탕과 죄에 대한 역겨운 공공연한 과시에 맞서 싸울 중요한 때가 되었다. 그러므로 당신 안에 있는 모든 것을 가지고 믿음의 선한 싸움을 싸우라. 당신의 힘이 떨어지기 시작하면, 하나님의 힘의 효과가 나타날 것이라는 것을 알고 당신의 이기심과 당신의 부적절성과 당신의 약점에 맞서 싸우라!

Chapter 7

I Can Fight

Life is a battle, and becoming a Christian equips you with the necessary weapons and armor to finally win instead of simply surviving. The Bible charges every believer to "Fight the good fight of faith." This is choosing to believe the promises of God above what anyone or any situation may convey to you. When this becomes your reality, then though the storms of life may rage and the waves of adversity may crash against you, you will remain solid as a rock, unmoved. You believe in a power greater than anything a storm could muster and a truth more sure than any founda- tion known to man: God and His Word!

So put your trust in God to see you through. Refuse to lay down and let the circumstances of life beat you down and rob you of your joy. Fight against the temptation to fear, worry, stress out, and doubt God's ability and willing- ness to take care of you. Courageously engage in combat with the various issues, imaginations, questions, and desires that arise in our minds by exposing them to the truth of God's Word and forcing them to conform to the Lordship of Jesus

Christ. The Greater One is in you, Jesus is with you, God is for you, and you walk in the favor of God! The devil and all the powers of darkness are no match for you when you walk in that truth. You have the spirit of a conqueror in you—it's time to exercise it!

Read the Word of God, spend time in prayer, and speak His words aloud all day, but especially when you are tempted to doubt. Develop a spiritual resolve that won't crumble at the first sign of opposition. Develop a dogged determination to push through the obstacles and barriers that have been holding you back. Develop a spiritual fortitude that will carry you through any battle and on to victory.

Everything in this world seeks to pressure you and cause you to conform to its ideals and ways of living, but it is high time we as Christians start fighting back against the gross public display of debauchery and sin. So fight the good fight of faith with everything in you— fight against your own selfishness, against your own inadequacies, and against your weak- nesses, knowing that when your strength begins to fail, God's strength will kick in!

† 성경

"믿음의 선한 싸움을 싸우라 영생을 취하라 이를 위하여 네가 부르심을 받았고 많은 증인 앞에서 선한 증언을 하였도다."

- 딤전 6:12

"우리의 씨름은 혈과 육을 상대하는 것이 아니요 통치자들과 권세들과 이 어둠의 세상 주관자들과 하늘에 있는 악의 영들을 상대함이라."

- 엡 6:12

"시험을 참는 자는 복이 있나니 이는 시련을 견디어 낸 자가 주께서 자기를 사랑하는 자들에게 약속하신 생명의 면류관을 얻을 것이기 때문이라."

- 약 1:12

Scriptures

Fight the good fight of the faith in the conflict with evil; take hold of the eternal life to which you were called, and for which you made the good confession of faith in the pres- ence of many witnesses.

-- 1 TIMOTHY 6:12 (AMP)

For our struggle is not against flesh and blood contending only with physical oppo- nents, but against the rulers, against the powers, against the world forces of this present dark- ness, against the spiritual forces of wickedness in the heavenly (supernatural) places.

-- EPHESIANS 6:12 (AMP)

If your faith remains strong, even while surrounded by life's difficulties, you will continue to experience the untold blessings of God! True happiness comes as you pass the test with faith, and receive the victorious crown of life promised to every lover of God!

-- JAMES 1:12 (TPT)

당신의 삶에 이 말을 선포하라

나는 믿음의 선한 싸움을 싸울 것이다. 나는 불리한 상황에 직면했을 때 물러서거나 비겁하지 않을 것이다. 나는 용기와 자신감, 정복자의 정신으로 이 세상 삶의 도전과 장애물을 극복할 것이다. 삶의 폭풍이 올 때 나는 의심과 두려움에 압도되는 것을 허용하지 않을 것이다. 대신 나의 신뢰를 하나님께 둘 것이다. 하나님은 내 편이시다. 나는 내가 혼자 싸우지 않는다는 것을 알고 있다. 만일 하나님이 나를 위하신다면 누가 나를 대적할 수 있겠는가? 나는 내 자신의 이기심과 약점에 맞서 싸울 것이다. 그리고 나는 하나님이 내게 주신 목적과 내가 맡은 모든 것을 성취하기 위해 용감하게 싸울 것이다.

Speak These Words Over Your Life

I will fight the good fight of faith. I will not back down or be cowardly when faced with adverse circumstances. I will overcome the challenges and obstacles of this life with courage and confidence and the spirit of a conqueror. When the storms of life come, I will not allow myself to be overwhelmed by doubt and fear; instead, I will put my trust in God. God is on my side. I know that I am not fighting alone, and if God is for me then who can be against me? I will fight back against my own selfishness and weaknesses, and I will strive valiantly towards the purpose God has given me and to accomplish all that I have been tasked with.

8장
나는 삶을 즐길 수 있다

삶은 우리가 견뎌야 할 할당된 몫이 아니라 우리가 떠맡아야 할 모험을 의미한다! 예수님은 그분이 우리가 풍요로운 삶을 누리도록 하시기 위해서 세상에 오셨다고 말씀하셨다. 그분의 평화는 어두운 곳을 통해 우리를 인도하고 그분의 기쁨은 미소로 폭풍을 밀어내는 우리의 힘이 된다. 안타깝게도 대부분의 사람들은 삶을 즐기기보다는 살아남기 위해 싸우고 있다. 그들은 그들의 행복 또는 부족함이 상황에 달려 있다는 거짓말을 믿는다. 그들은 일이 잘되면 행복하다. 일이 좋지 않으면 슬퍼한다. 이것은 그들을 어느 날은 행복하고 다음 날은 우울하게 만드는 한순간을 위아래로 내려가게 할 것이다. 우리 사회는 실제로 스트레스를 받고, 피곤하고, 바쁜 것이 대중화되었다. 이 감정적인 롤러코스터 생활방식은 세상이 탈 수 있는 놀이기구이지만, 그리스도인들은 무언가 다른 것을 경험할 수 있다.

사실은, 우리는 우리가 경험하고 있는 것과 상관없이 우리의 삶을 즐기기로 선택할 수 있다. 그것은 어려움을 무시하거나 역경에 직면해서 행복을 속이는 문제가 아니다. 그것은 행복을 선택하는 것이고, 당신의 기쁨과 당신의 안전과 당신의 평화를 하나님 말씀의 견고한 토대에 두는 것이다. 그것은 하나님의 자녀로서 당신에게 주어진 모든 혜택과 복을 기억하는 쪽을 선택하는 것이다. 그것은 불평하는 대신 감사의 생활방식을 계발하는 쪽을 택하는 것이다. 당신은 하나님을 믿는 신앙이 있기 때문에 힘든 시기에 자신감 있는 평화 속에서 머무르고 있는 것이다! 당신의 상황이 당신의 태도를 지시하거나 과거의 고통이나 미래의 잠재적인 문제들이 오늘날의 기쁨을 빼앗도록 내버려 둘 필요는 없다. 당신의 삶을 즐기고, 하나님과 아주 가까워서 부정적 의심, 피해자의 사고에 방해받지 않는 정신으로 당신의 삶을 최대한 살 때이다! 골치 아픈 생활의 한가운데서 바로 그곳에서 웃고, 밝은 길가를 걷고, 하늘과 나무, 새들을 올려다보고, 일터나 학교 가는 길에 재미있는 음악을 듣거나, 사랑하는 사람과 함께 재미있는 것을 보고 웃는 쪽을 선택하라. 그리고 우리 모두에게 그러하듯 이 위기가 당신의 삶에 닥칠 때 기쁨에 겨워 하나님께 기대라. 삶은 결코 견디기 위한 것이 아니라 즐기기 위한 것이다.

Chapter 8

I Can Enjoy Life

Life is meant to be an adventure we under- take, not an assignment we must endure! Jesus said that He came to the world so that we could have an abundance of life, with His peace navigating us through the dark places and His joy acting as our strength to push through the storm with a smile. Sadly, most are fighting to survive their lives instead of enjoying them. They believe the lie that their happiness—or lack thereof—is dependent upon their circumstances. If things are good, they are happy; if things are not good, then they are sad. This will cause them to be up one moment and down the next, happy one day and depressed the next. Our society has actu- ally made it popular to be stressed, tired, and busy. This emotional rollercoaster lifestyle is a ride the world may ride, but believers can experience something different.

The truth is, we can choose to enjoy our life regardless of what we are experiencing.

It's not a matter of ignoring difficulties or faking happiness in the face of adversity. It's choosing happiness, it's choosing to base your joy, your security, and your peace on the solid foundation of the Word of God. It's choosing to remember all the benefits and blessings afforded to you as a child of God. It's choosing to cultivate a lifestyle of thanksgiving instead of complaining. It's resting in confident peace in the midst of trying times—because you have faith in your God!

There is no need to allow your circum- stances to dictate your attitude or to let the pain of the past or the potential problems of the future rob you of the joy of today. It's time to enjoy your life, to live your life to the fullest with a spirit too close to God to be encum- bered by negativity, doubt, and victim mental- ities! Choose to smile right there in the middle of your messy life, walk on the bright side of the road, look up at the sky, trees, and birds, listen to fun music on the way to work or school, or watch something funny and laugh with the one you love. And when crisis strikes your life, like it does to all of us, stay full of joy and lean on God. Life was never meant to be endured but enjoyed.

† 성경

"주께서 생명의 길을 내게 보이시리니 주의 앞에는 충만한 기쁨이 있고 주의 오른쪽에는 영원한 즐거움이 있나이다."

-시 16:11

"도둑이 오는 것은 도둑질하고 죽이고 멸망시키려는 것뿐이요 내가 온 것은 양으로 생명을 얻게 하고 더 풍성히 얻게 하려는 것이라."

- 요 10:10

"또 여호와를 기뻐하라 그가 네 마음의 소원을 네게 이루어 주시리로다."

- 시 37:4

"주 안에서 항상 기뻐하라 내가 다시 말하노니 기뻐하라."

- 빌 4:4

"너희는 여호와의 선하심을 맛보아 알지어다 그에게 피하는 자는 복이 있도다."

- 시 34:8

Scriptures

You make known to me the path of life; in your presence there is fullness of joy; at your right hand are pleasures forevermore.

– PSALM 16:11 (ESV)

The thief comes only in order to steal and kill and destroy. I came that they may have and enjoy life, and have it in abundance to the full, till it overflows.

– JOHN 10:10 (AMP)

Enjoy the Lord, and he will give what your heart asks.

– PSALM 37:4 (CEB)

Rejoice in the Lord always delight, gladden yourselves in Him; again I say, Rejoice!

– PHILIPPIANS 4:4 (AMPC)

O taste and see that the Lord our God is good; how blessed fortunate, prosperous, and favored by God is the man who takes refuge in Him.

– PSALM 34:8 (AMP)

당신의 삶에 이 말을 선포하라

나는 행복하는 쪽을 선택한다. 나는 나의 기쁨, 나의 안전, 나의 평화를 하나님의 말씀의 견고한 기초 위에 두는 쪽을 선택한다. 오늘은 주님이 주신 날이고, 나는 기뻐하고 그 안에서 기뻐할 수 있는 선택을 할 것이다! 오늘 역경, 도전, 원치 않는 사건이 있더라도 주님이 나와 함께 하신다는 것을 알기 때문에 나는 여전히 기뻐할 것이다. 그분은 나를 격려하시고 강한 오른팔로 나를 지원하시고 나를 강하게 해주신다. 주님의 기쁨은 나의 힘이다! 나는 불평하는 대신 감사의 생활 방식을 계발하는 쪽을 선택한다. 나는 하나님이 내 뒤에 계시다는 것을 신뢰하고 힘든 시기에 미소를 짓기로 결심한다. 왜냐하면 나는 하나님을 믿기 때문이다!

나는 내 상황이 내 태도를 좌우하는 것을 허용하지 않을 것이며, 과거의 고통이나 미래의 잠재적인 문제로 인해 오늘의 기쁨을 빼앗기지 않을 것이다. 나는 내 삶을 즐길 것이다. 나는 예수님이 내게 주신 풍성한 삶에 참여하고 있기 때문에 내 삶을 최대한 살 것이다. 나는 부정, 의심, 희생자 정신을 거부하고 대신 기쁨을 선택한다!

Speak These Words Over Your Life

I choose to be happy. I choose to base my joy, my security, and my peace on the solid foundation of the Word of God. This is the day that the Lord has made, and I will rejoice and make the choice to be glad in it! Even if this day presents adversity, challenges, and unwanted events, I will still choose to rejoice because I know that the Lord is with me. He encourages me, He supports me with His strong right arm, and He strengthens me. The joy of the Lord is my strength! I choose to cultivate a lifestyle of thanksgiving instead of complaining. I choose to trust that God has my back and to smile in the midst of trying times because I have faith in Him!

I will not allow my circumstances to dictate my attitude, and I will not allow the pain of the past or the potential problems of the future to rob me of the joy of today. I will enjoy my life. I will live my life to the fullest, because I am partaking of the abundant life Jesus came to give me. I reject negativity, doubt, and a victim mentality, and instead I choose joy!

9장
나는 용서할 수 있다

용서하지 않는 것은 함정이다. 그것은 우리의 기도를 방해하고, 우리의 영혼을 독살 시키며, 쓴맛을 만들어 낸다. 그렇지 않으면 그것은 우리의 행복한 삶에 그림자를 드리운다. 당신의 기쁨과 평화는 당신의 삶에서 고갈되기 시작한다. 태양은 밝지 않고, 꽃은 예전과 같은 아름다움을 지니고 있는 것 같지 않으며, 당신이 함께 있는 사람은 당신이 용서하지 않을 때 더 이상 당신을 미소 짓게 하지 않는다.

용서하지 않는 것은 극도로 독성이 강하며, 새로운 기억을 만드는 대신 오래된 기억에 의해 통제될 때까지 우리를 속박으로 감싼다. 많은 사람들은 자신들에게 행해진 범죄나 그들이 저지른 실수에서 벗어나고 싶어하지만, 진정으로 앞으로 나아갈 수 있는 유일한 방법은 그들을 용서하거나 자신을 용서하는 것이다. 만약 당신이 마음속에 용서 없이 계속 나아가려고 한다면, 당신은 항상 당신의 상처로부터 도망치고 당신의 고통으로부터 거리를 두려고 할 것이다. 하지만 문제는 우리가 용서하지 않을 때, 우리는 우리를 죽이는 독을 계속 붙잡는 쪽을 선택했다는 것이다. 하지만 당신이 당신을 해친 사람들을 용서하기로 결심하는 순간, 당신은 당신의 고통에서 도망치는 대신 당신의 고통을 처리할 수 있는 결정을 내리는 것이다. 이제 당신은 하나님이 주신 운명을 추구하며 삶을 시작할 수 있다!

불가능해 보일 수도 있고, 용서함으로써 그들이 이기도록 내버려 두는 것처럼 느껴질 수도 있지만, 하나님의 도움으로 당신은 결정에서 진정한 용서에 이르는 울퉁불퉁한 지형을 횡단할 수 있다. 첫 번째 단계는 하나님과 함께 시간을 보내는 것이다. 하나님은 당신을 사랑하신다. 성경을 읽고, 기도하고, 하나님을 예배하며 시간을 보낼 때, 그분은 당신의 마음에 그분의 사랑을 쏟아부으실 수 있다. 당신의 마음에는 너무나 많은 공간이 있고 그분이 더 많은 사랑을 쏟으실 수록 당신의 수치심과 증오가 더 많이 흘러나오기 시작한다. 두 번째 단계는 하나님이 부어 주신 것을 쏟아내는 것이다. 당신이 가지고 있지 않은 것은 줄 수 없다. 많은 사람들은 미움과 수치심을 받은 수준에서 용서와 사랑을 받지 못했기 때문에 그들의 쓰라림과 용서하지 않는 것을 고수한다. 그러나 당신은 당신을 향하신 하나님의 사랑과 용서를 받은 후에 당신은 당신의 쓰라림을 사랑으로 대신할 수 있고 하나님이 당신을 위해 하신 것처럼 상상할 수 없는 것들을 용서할 수 있다. 그러면 당신은 다시 사랑의 순환을 시작하고, 당신이 한때 처방했던 고통의 순환 대신에 하나님의 사랑을 채우고 쏟아 붓게 된다.

Chapter 9

I Can Forgive

Unforgiveness is a trap; it hinders our prayers, poisons our souls, and breeds bitterness. It casts shadows upon our otherwise happy lives. Your joy and peace begin to drain from your life. The sun doesn't shine as bright, flowers don't seem to hold the same beauty they once did, and the company you keep doesn't make you smile anymore when we do not forgive.

Unforgiveness is extremely toxic and wraps us up in bondage until we are controlled by our old memories instead of making any new ones. Many want to move on from the offense that was done to them or the mistakes that they made, yet the only way to truly move on is to forgive them or to forgive yourself. If you try to move on without forgiveness in your heart, then you will always be running away from your hurt, trying to create distance from your pain, but the problem is when we do not forgive, we have chosen to keep holding onto the poison that is killing us. However, the moment you choose to forgive those who have hurt you, you make the decision that allows you to deal with your pain instead of running from it. Now you can start living your life pursuing your God-given destiny!

It may seem impossible, it may feel like you'd be letting them win by forgiving, but with God's help you can traverse the bumpy terrain from a decision to true forgiveness. The first step is to spend time with God. God loves you, and when you spend time reading the Bible, praying, and worshiping God, He is able to pour His love into your heart. There is only so much room in your heart, and the more love He pours in, the more your shame and hatred begin to flow out. The second step is to pour out what God has poured in. You can't give what you don't have; many fall short and hold on to their bitterness and unforgiveness because they haven't received forgiveness or love on the level that they received hate and shame. However, after receiving God's love and forgiveness for you, you are able to replace your bitterness with love and forgive the unthinkable like God did for you. Then you get to start the cycle of love all over again, filling up on and pouring out God's love, instead of the cycle of pain you once prescribed to.

† 성경

"만일 우리가 우리 죄를 자백하면 그는 미쁘시고 의로우사 우리 죄를 사하시며 우리를 모든 불의에서 깨끗하게 하실 것이요."

- 요일 1:9

"서로 친절하게 하며 불쌍히 여기며 서로 용서하기를 하나님이 그리스도 안에서 너희를 용서하심과 같이 하라."

- 엡 4:32

"비판하지 말라 그리하면 너희가 비판을 받지 않을 것이요 정죄하지 말라 그리하면 너희가 정죄를 받지 않을 것이요 용서하라 그리하면 너희가 용서를 받을 것이요."

- 눅 6:37

"누가 누구에게 불만이 있거든 서로 용납하여 피차 용서하되 주께서 너희를 용서하신 것 같이 너희도 그리하고."

- 눅 3:13

Scriptures

If we freely admit that we have sinned and confess our sins, He is faithful and just (true to His own nature and promises) and will forgive our sins dismiss our lawlessness and continu- ously cleanse us from all unrighteousness everything not in conformity to His will in purpose, thought, and action.

$$- 1 \text{ JOHN } 1:9 \text{ (AMPC)}$$

But instead be kind and affectionate toward one another. Has God graciously forgiven you? Then graciously forgive one another in the depths of Christ's love.

$$- \text{EPHESIANS } 4:32 \text{ (TPT)}$$

Judge not, and ye shall not be judged: condemn not, and ye shall not be condemned: forgive, and ye shall be forgiven:

$$- \text{LUKE } 6:37 \text{ (KJV)}$$

Be gentle and forbearing with one another and, if one has a difference (a grievance or complaint) against another, readily pardoning each other; even as the Lord has freely forgiven you, so must you also forgive.

$$- \text{COLOSSIANS } 3:13 \text{ (AMPC)}$$

당신의 삶에 이 말을 선포하라

    나는 내가 용서받은 것에 대해 감사한다. 하나님은 그분의 자비와 그분의 은혜로 나의 모든 죄와 실수와 결점을 용서하셨다. 나는 하나님의 용서와 그분의 무조건적인 사랑을 받아들이는 쪽을 선택한다. 내가 그것을 느끼지 못하더라도, 나는 하나님의 말씀에 따르면, 나는 하나님의 말씀에 따라 하나님과 함께 올바로 서 있는 내가 의롭다는 것을 알고 그분이 나를 죄지은 적이 없는 사람으로 보신다는 것을 알고 있다. 내가 주변 사람들에 대한 그와 같은 정신을 반영할 수 있는 것은 예수 그리스도의 흘리신 피를 통해 하나님의 무조건적인 사랑으로 얻은 의의 신분이다. 그래서 나는 그분의 도우심과 성령의 능력으로 나를 해치거나 배신하거나 인격을 훼손하거나 무시하거나 정서적, 육체적 손상을 입힌 모든 사람들을 전적으로 완전히 용서하는 쪽을 선택한다. 믿음으로 나는 모든 원한을 버리고 하나님이 나를 위해서 치르신 자유 안에서 행하는 쪽을 선택한다.

Speak These Words Over Your Life

I am thankful that I have been forgiven. God, in His mercy and by His grace, has forgiven me of all my sins, mistakes, and shortcomings. I choose to accept God's forgiveness and His unconditional love. Even though I may not feel it, by faith I know that according to God's Word, I am righteous, in right standing with God, and He sees me as someone who has never sinned. It is by this state of righteousness bought by God's uncon- ditional love through the shed blood of Jesus Christ that I am able to echo that same spirit of forgiveness and love to those around me. So, with the Lord's help and by the power of the Holy Spirit, I choose to wholly and completely forgive all of those who have hurt me, betrayed me, defamed my character, ignored me, or caused emotional or physical damage to me. By faith, I choose to let go of every one of those grudges and walk in the freedom that God paid for me.

10장

나는 쉴 수 있다

삶은 단지 육체적으로만 아니라 매우 지칠 수 있다. 완벽한 배우자, 부모 또는 직원이 되려고 노력하는 것은 많은 정신적, 감정적 마모와 눈물을 초래한다. 우리는 다른 사람들의 기대에 부응하고, 좋은 친구가 되고, 모범적인 시민이 되고, 충실한 교회 성도 또는 지칠 줄 모르는 자원봉사자가 되어야 한다는 압력을 경험한다.

이러한 목록은 계속될 수 있다. 이 모든 것들은 우리 삶에서 걱정, 불안, 스트레스를 일으킬 가능성이 있다. 해가 거듭될수록, 우리는 사교로 우리가 절실히 필요로 하는 휴식을 얻기 위해 잘못된 곳을 계속 찾고 있다. 우리의 삶은 점점 더 바빠지고 있지만, 카페인을 더 많이 섭취하고 잠을 덜 자는 것이 해결책은 아니다. 또한 스트레스를 해소하는 향기, 로션, 오일도 대처하는 최선의 방법은 아니다. 분명히, 수면 부족은 우리의 업무 수행에 영향을 미치고 우리의 건강에 해를 끼치지만, 우리 사회에 슬그머니 다가오는 더 큰 위협이 있다. 이것은 바로 영혼의 피로이다. 그리고 이것은 당신이 잠을 잘 수 없는 피로이다.

진정한 휴식은 주님께로부터 온다. 그분은 마태복음 11장 28-30

절에 직접 이렇게 말씀하셨다. "수고하고 무거운 짐 진 자들아 다 내게로 오라 내가 너희를 쉬게 하리라 나는 마음이 온유하고 겸손하니 나의 멍에를 메고 내게 배우라 그리하면 너희 마음이 쉼을 얻으리니 이는 내 멍에는 쉽고 내 짐은 가벼움이라."

우리가 알다시피, 우리 모두가 찾고 있는 휴식은 그리스도 안에서만 찾을 수 있다. 주 안에서 쉬는 것은 당신의 고민과 당신의 근심과 당신의 불안과 당신의 걱정과 그리고 당신의 모든 스트레스를 그분께 맡기는 것, 즉 당신의 모든 근심을 그분께 던지는 것이다. 그러나 근심을 주님께 던지는 것만으로는 충분치 않다. 우리의 완전한 신뢰와 믿음을 그분께 둠으로써 그러한 걱정을 그분께 맡기는 것은 우리에게 달려 있다. 그러면 우리는 안전한 수중에 있다는 것을 알면서 진정한 휴식을 취할 수 있을 것이다.

Chapter 10

I Can Rest

Life can get very tiresome—and not just physically. Trying to be the perfect spouse, parent, or employee causes a lot of mental and emotional wear and tear. We experience the pressure to conform to the expectations of others, to be a good friend, model citizen, dutiful churchgoer, or tireless volunteer—the list could go on and on. Each one of these things has the potential to produce worry, anxiety, and stress in our lives. As the years go on, as a society we keep looking in all the wrong places to get the rest we so desperately need. Our lives are getting busier and busier, but more caffeine and less sleep are not the solutions—nor are stress relieving scents, lotions, and oils the best way to cope. Obviously, being sleep deprived affects our performance and takes its toll on our health, but there is a greater threat that has crept into our society: a weariness of the soul. And this is the kind of tired you can't sleep off.

Walking through life when you are weary will cause you to go down a destructive path where you begin to hate what you once loved, and ultimately you will adopt a selfish and self-destructive behavior. Many of us settle just for a moment of "peace"—time away from it all—but the problem with this kind of momentary cease-fire is we come back to the same life we tried to escape.

Real rest comes from the Lord. He said it Himself in Matthew 11:28-30 (MSG): "Are you tired? Worn out? Burned out on religion? Come to me. Get away with me and you'll recover your life. I'll show you how to take a real rest. Walk with me and work with me— watch how I do it. Learn the unforced rhythms of grace. I won't lay anything heavy or ill- fitting on you. Keep company with me and you'll learn to live freely and lightly."

You see, the rest we are all seeking can only be found in Christ. Resting in the Lord is casting all the cares of your life on God— giving Him your troubles, your anxieties, your insecurities, your worries, and all your stress. Though, it's not enough to just cast the cares; it's up to us to leave those cares with Him by placing our complete confidence and trust in Him. Then we will be able to take a real rest, knowing we are in safe hands.

† 성경

"수고하고 무거운 짐 진 자들아 다 내게로 오라 내가 너희를 쉬게 하리라."

- 마 11:28

"오직 여호와를 앙망하는 자는 새 힘을 얻으리니 독수리가 날개치며 올라감 같을 것이요 달음박질하여도 곤비하지 아니하겠고 걸어가도 피곤하지 아니하리로다."

- 사 40:31

"너희 염려를 다 주께 맡기라 이는 그가 너희를 돌보심이라."

- 벧전 5:7

"여호와께서 이르시되 내가 친히 가리라 내가 너를 쉬게 하리라."

- 출 33:14

"여호와는 나의 목자시니 내게 부족함이 없으리로다 그가 나를 푸른 풀밭에 누이시며 쉴 만한 물 가로 인도하시는도다."

- 시 23:1-2

"네가 누울 때에 두려워하지 아니하겠고 네가 누운즉 네 잠이 달리로다."

- 잠 3:24

Scriptures

Come to Me, all you who labor and are heavy-laden and overburdened, and I will cause you to rest. I will ease and relieve and refresh your souls.
           – MATTHEW 11:28 (AMPC)

But they that wait upon the Lord shall renew their strength; they shall mount up with wings as eagles; they shall run, and not be weary; and they shall walk, and not faint.
           – ISAIAH 40:31 (KJV)

Casting the whole of your care all your anxieties, all your worries, all your concerns, once and for all on Him, for He cares for you affectionately and cares about you watchfully.
           – 1 PETER 5:7 (AMPC)

And he said, My presence shall go with thee, and I will give thee rest.
           – EXODUS 33:14 (KJV)

The LORD is my shepherd. I lack nothing. He lets me rest in grassy meadows; he leads me to restful waters;
           – PSALM 23:1-2 (CEB)

When you lie down, you shall not be afraid; yes, you shall lie down, and your sleep shall be sweet.
           – PROVERBS 3:24 (AMPC)

당신의 삶에 이 말을 선포하라

그분이 이 땅을 떠나시기 전에 예수님은 우리에게 그분의 평화를 주셨다고 말씀하셨다. 그분은 그것을 "인간의 이해를 뛰어넘는 평화"라고 부르셨다. 믿음으로 나는 그 평화를 받고 그분이 내게 주신 휴식에 들어가는 쪽을 선택한다. 나는 나의 모든 염려, 걱정, 좌절, 근심을 그분께 던졌다. 도전, 실망, 예상치 못한 좌절 속에서도, 삶이 줄 수 있는 최악의 상황에서도, 나는 지금 여기에서 선택을 하고, 하나님을 신뢰하기로 선택하고 앞으로도 계속 선택할 것이다. 그분의 말씀에 따르면, 나는 주님께 그들의 신뢰를 두는 사람들에게만 주어진 초자연적인 휴식을 받을 자격이 있다. 믿음으로 나는 그 휴식을 취한다. 나는 주님이 영원히 내 피난처 역할을 하시고, 폭풍으로부터 나를 숨기시고, 그분이 나를 떠나지 않으시고, 언제나 나와 함께 계시겠다는 약속과 함께 평화의 터전과 휴식의 기회를 주실 것을 알고 있다.

Speak These Words Over Your Life

Before He left this earth, Jesus said that He gave us His peace. He called it, "a peace that passes human understanding." By faith, I choose to receive that peace and step into the rest He offers me. I cast all my cares, worries, frustrations, and anxieties on Him. Even in the midst of the challenges, disappointments, and unexpected setbacks, even in the worst situa- tions that life can offer, I make the choice here and now, I choose—and will always choose— to trust in God. According to His Word, I qualify to receive a supernatural rest that is only reserved for those who put their trust in the Lord. By faith, I take that rest. I know that the Lord will act as my refuge forever, shel- tering me from the storm, providing a place of peace and an opportunity for rest with the promise that He will never leave me and will always be with me.

11장

나는 하나님과 친밀해질 수 있다

하나님은 당신을 사랑하신다. 당신은 그분의 자녀이며 그분은 당신을 무조건 사랑하신다. 그분은 당신과 함께 시간을 보내고 싶어 하신다. 대부분의 사람들의 기독교에 대한 기본적인 생각은 기독교는 지옥에서 탈출하기 위해 지켜야 할 규칙의 목록이 많은 종교라는 것이다. 그것은 하나님을 권위주의적인 폭군으로 부정확하게 그리고 정죄, 두려움, 그리고 참회의 관점에서 기독교의 삶을 거짓으로 묘사한다. 그들은 그것이 의무에서 신을 섬기도록 요구하고 당신의 받아들임은 당신의 경건함, 거룩함, 그리고 선행에 근거한다고 생각한다. 하지만, 이런 종류의 종교적인 생활 방식은 변덕스러운 기독교인의 처세를 만든다. 왜냐하면 그것은 하나님이 당신을 위해 이미 하신 일 대신에 당신이 하는 일에 당신의 자존감을 두기 때문이다. 이것은 예수님이 우리를 얻으시기 위해 죽으신 기독교가 아니다!

당신은 하나님이 왜 우리를 창조하셨는지 궁금해 본 적이 있는가? 그것은 그분이 그분 자신의 자녀를 원하셨기 때문이다! 그분은 심지어 그분 자신의 형상대로 우리를 창조하셨다! 그래서 아담과 하와가 인간을 망쳐서 하나님과 관계를 단절시켰을 때, 하나님은 사랑하는 자녀들과 교제를 회복하시기 위해 무슨 일이든 서슴치 않으셨다. 그분은 이 목표를 달성하시기 위해 우리의 죄에 대한 대속물로 심지어 그분의 아들, 예수님조차도 포기하셨다. 그만큼 그분은 우리와 관계를 맺고 싶어 하셨다. 그분은 우리가 그분의 열린 두 팔과 마주칠 기회를 주시기 위해 그분의 아들이 고통을 당하시고 죽임을 당하시는 것을 기꺼이 지켜 보셨다. 이것이 진정한 기독교, 관계이다. 관계에서 우리는 두려움과 의무가 아니라 사랑과 충성심으로 섬긴다.

여느 관계와 마찬가지로, 이런 친밀감을 발전시키는 것은 하룻밤 사이에 일어나는 것이 아니다. 그것은 시간이 걸린다. 하나님과 더 친밀해지는 목표를 발전시키는 가장 쉬운 방법은 하나님과 더 많은 시간을 보내는 것이다. 그분은 결코 당신을 떠나시거나 버리시지 않으실 것이라고 말씀하셨다. 이것은 당신이 원하는 만큼 그분과 이야기할 수 있다는 것을 의미한다. 당신은 성경을 읽고, 하나님께서 어떻게 생각하시는지 통찰할 수 있을 뿐만 아니라, 무엇이 당신의 아버지를 기쁘게 하고 불쾌하게 하는지 들을 수 있다. 하나님은 당신이 그분을 원하는 만큼 당신의 삶의 많은 부분이 되실 수도 있고 적은 부분이 되실 수도 있다. 당신이 그분의 말씀을 소중하게 여기면서, 그분을 알아가고, 그분에 대한 당신의 믿음을 발전시키고, 당신의 처지에 상관없이, 그분과 대화하면서 시간을 보내라. 그러면 관계가 성장하고 하나님과 당신 사이에 독특하고 특별한 친밀감이 발전할 것이다. 이것이 기독교가 지향하는 바, 즉 아버지 하나님과의 친밀한 관계이다.

Chapter 11

I Can Be Intimate With God

God loves you. You are His child, and He loves you unconditionally. He desires to spend time with you. Most people's concept of Christianity is that it is a religion with a long list of rules that they must obey in order to escape hell. It inaccurately paints God as an authoritarian tyrant and falsely describes the Christian life in terms of condemnation, fear, and penitence. They think it demands serving God out of duty and that your acceptance is based on your piety, holiness, and good deeds. However, this type of religious lifestyle makes for a fickle Christian walk, because it bases your sense of self-worth on what you do instead of what God has already done for you.

This is not the Christianity that Jesus died for us to gain!

Have you ever wondered why God created us? It was because He wanted children of His own! He even made us in His own image! So, when Adam and Eve messed up and cut humanity off from a relationship with God, God stopped at nothing to restore fellowship with His beloved children. He even gave up His son, Jesus, as a substitute for our sin to accomplish this goal. That's how much He desired to have a relationship with us. He was willing to watch His boy tortured and killed to give us the chance to run into His open arms. This is true Christianity—relationship. In a relationship, we serve out of love and loyalty, not fear and duty.

Like any relationship, developing this inti- macy doesn't happen overnight; it takes time. The easiest way to start down the path of growing more intimate with God is simply by spending more time with Him. He said He would never leave you or forsake you, which means you can talk to Him as much as you want. You can read the Bible, gaining insight into the way God thinks, as well as hearing what pleases and displeases your Father. God will be as much a part—or as little of a part—of your life as you want Him to be. As you value His words, get to know Him, develop your faith in Him, and spend time talking to Him throughout your days, regardless of your circumstances. Then your relationship will grow, and an intimacy between you that is unique and special to both of you will develop. This is what Christianity is about—an intimate relationship with your Father God.

† 성경

"또한 모든 것을 해로 여김은 내 주 그리스도 예수를 아는 지식이 가장 고상하기 때문이라 내가 그를 위하여 모든 것을 잃어버리고 배설물로 여김은 그리스도를 얻고."

- 빌 3:8

"끝으로 너희가 주 안에서와 그 힘의 능력으로 강건하여지고."

- 엡 6:10

"내가 네게 명령한 것이 아니냐 강하고 담대하라 두려워하지 말며 놀라지 말라 네가 어디로 가든지 네 하나님 여호와가 너와 함께 하느니라 하시니라."

- 수 1:9

"두려워하지 말라 내가 너와 함께 함이라 놀라지 말라 나는 네 하나님이 됨이라 내가 너를 굳세게 하리라 참으로 너를 도와 주리라 참으로 나의 의로운 오른손으로 너를 붙들리라."

- 사 41:10

Scriptures

Yes, furthermore, I count everything as loss compared to the possession of the price- less privilege (the overwhelming preciousness, the surpassing worth, and supreme advantage) of knowing Christ Jesus my Lord and of progressively becoming more deeply and inti- mately acquainted with Him of perceiving and recognizing and understanding Him more fully and clearly. For His sake I have lost everything and consider it all to be mere rubbish (refuse, dregs), in order that I may win (gain) Christ (the Anointed One).

– PHILIPPIANS 3:8 (AMPC)

In conclusion, be strong in the Lord be empowered through your union with Him; draw your strength from Him that strength which His boundless might provides.

– EPHESIANS 6:10 (AMPC)

"Have I not commanded you? Be strong and courageous! Do not be terrified or dismayed (intimidated), for the LORD your God is with you wherever you go."

– JOSHUA 1:9 (AMP)

'Do not fear anything, for I am with you; Do not be afraid, for I am your God. I will strengthen you, be assured I will help you; I will certainly take hold of you with My righteous right hand a hand of justice, of power, of victory, of salvation.'

– ISAIAH 41:10 (AMP)

당신의 삶에 이 말을 선포하라

오늘은 하나님과 나의 관계에서 새로운 날이다. 나는 내 삶의 모든 것보다 하나님을 우선하는 쪽을 선택한다. 내가 피곤하고 지칠 때 나는 휴식을 위해 그 분께 달려갈 것이다. 내가 스트레스를 받거나, 걱정하거나, 두려워할 때에, 나는 그분이 나를 얼마나 깊이 돌보시는지 알고 있기 때문에, 그분께 나의 염려를 쏟을 것이다. 나는 하나님을 내 삶의 중심과 내 마음의 전면에 모시기로 결정했다. 내 행동은 그분을 기쁘시게 하려는 마음에서 나온 것이며, 나는 나의 이기적이고 육적인 본성을 매일 죽일 것이다. 나는 하나님의 말씀을 먹고, 기도로 그분과 함께 시간을 보내고, 내가 도움이 필요할 때 최후의 수단이 아니라 먼저 그분께 가는 쪽을 선택한다. 나는 마음속으로 나의 하늘의 아버지와 더 가까워지고 친밀해지는 것을 목표로 삼고 있다.

Speak These Words Over Your Life

Today marks a new day in my relationship with God. I make the choice to prioritize God above everything else in my life. When I grow tired and weary, I will run to Him for rest. When I become stressed, worried, anxious, or afraid, I will cast my care upon Him, for I know how deeply He cares for me. I choose to keep God in the center of my life and in the forefront of my mind. My actions are out of a heart to please Him, and I will put to death my selfish and carnal nature daily. I choose to feed on God's Word, to spend time with Him in prayer, and go to Him first when I need help, instead of the last resort. I purpose in my heart to grow closer and more intimate with my Heavenly Father.

12장
나는 그것을 헤쳐나갈 수 있다

당신이 어떤 일을 겪고 있든, 당신이 기억해야 할 두 가지가 있다. 첫째, 예수님이 당신을 떠나시거나 당신을 버리시지 않으실 것이라고 말씀하셨다는 것이다. 둘째, 하나님에 대한 믿음(그분의 말씀과 성령)을 통해 당신이 직면한 모든 도전, 위기 또는 어려움을 헤쳐나갈 수 있는 능력, 힘, 용기 및 수단이 있다는 것이다. 물론, 이 세상 삶에는 어려움과 도전이 있지만, 우리는 결코 속수무책이거나, 도움받지 못하거나, 무력하지 않다. 우리는 불굴의 정신으로 인생의 폭풍을 항해할 수 있다. 예수님이 이렇게 말씀하셨다. "이것을 너희에게 이르는 것은 너희로 내 안에서 평안을 누리게 하려 함이라 세상에서는 너희가 환난을 당하나 담대하라 내가 세상을 이기었노라"(요 16:33).

하나님은 당신이 문제를 겪을 것이라는 것을 알고 계셨다. 당신의 삶에 문제가 있다는 사실은 당신의 결점이나 충실함의 부족을 나타내는 것이 아니다. 그것은 하나님의 심판의 결과도 아니다. 우리는 혼돈의 세상에 살고 있으며 그로 인해 문제가 발생한다. 따라서 문제가 당신의 삶에 어떻게 또는 왜 있는지에 초점을 맞추지 말고 당신의 문제에 대한 해결책인 예수님께 초점을 맞추라.

알다시피, 어떤 상황이 당신을 더 좋게 만들 수 있는 유일한 방법은 당신이 그것을 허용하는 것이다. 당신의 평화, 기쁨, 태도, 믿음, 소망, 품성, 사랑은 영원히 안정되고 신뢰할 수 있는 하나님과 그분의 말씀과 그분의 신실하심에 근거한다. 그러므로 당신이 망쳤든, 그것이 사고였든, 그것이 공격이었든 어떤 상황이 오든 간에, 결론은 하나님이 그것을 극복할 수 있는 은혜, 힘, 그리고 지침을 주셨고, 승리할 수 있도록 하셨다는 것이다! 때로는 위기의 한가운데서 우리의 감정이 우리의 믿음을 무시하고 마치 아직 해결되지 않은 것처럼 그 문제에 연연하도록 쉽게 압도되기 쉽습니다. 그러나 예수님이 말씀하신 것을 기억하라 : 당신은 혼자가 아니다! 그분의 말씀을 선포함으로써 당신의 문제 대신에 당신의 주의를 하나님께 다시 집중하라. 그러면 당신의 감정이 당신이 방금 한 대로 따라갈 것이다. 당신은 그것을 헤쳐 나갈 수 있고 헤쳐나갈 것이다.

Chapter 12

I Can Make It Through

No matter what you are going through, there are two things that are essential for you to remember: The first is that Jesus said that He would never leave you or forsake you. The second is that through faith in God—both in His Word and in His Spirit—you have the power, strength, fortitude, and resources to make it through any challenge, crisis, or difficulty you face. Sure, this life has difficulties and challenges, but we are never helpless, without support, or powerless. We can sail through the storms of life with an undaunted spirit. Jesus Himself said,

"I have told you these things, so that in Me you may have perfect peace and confidence. In the world you have tribulation and trials and distress and frustration; but be of good cheer take courage; be confident, certain, undaunted! For I have overcome the world. I have deprived it of power to harm you and have conquered it for you." John 16:33 (AMPC)

God knew you would experience problems; the fact that problems are in your life are not indicative of your shortcomings or a lack of faithfulness; nor are they a result of judgment on God's part. We live in a world in chaos, and problems come because of it. So, quit focusing on how or why the issue is in your life and start focusing on the solution to your problem: Jesus.

You see, the only way any situation can get the better of you is if you give it permission. Your peace, joy, attitude, faith, hope, character, and love are based on God, His Word, and His faithfulness, which are eternally stable and trustworthy. So no matter what situation comes your way—whether you messed up, it was an accident, or it was an attack—the bottom line is that God has provided the grace, strength, and guidance to make it through—and to be victorious! Sometimes it's easy to be overwhelmed when in the middle of a crisis—to let our emotions override our faith and dwell on the issue as if it wasn't already taken care of. But remember what Jesus said: you are not alone! Refocus your attention back on God instead of your problem by speaking His words, and your emotions will follow suit. You can and will make it through!

† 성경

"이것을 너희에게 이르는 것은 너희로 내 안에서 평안을 누리게 하려
함이라 세상에서는 너희가 환난을 당하나 담대하라 내가 세상을 이기
었노라."

- 요 16:33

"의인이 부르짖으매 여호와께서 들으시고 그들의 모든 환난에서 건지
셨도다 여호와는 마음이 상한 자를 가까이 하시고 충심으로 통회하는
자를 구원하시는도다 의인은 고난이 많으나 여호와께서 그의 모든 고
난에서 건지시는도다."

- 시 34:17-19

"이 곤고한 자가 부르짖으매 여호와께서 들으시고 그의 모든 환난에
서 구원하셨도다."

- 시 34:6

Scriptures

I've said these things to you so that you will have peace in me. In the world you have distress. But be encouraged! I have conquered the world."

— JOHN 16:33 (CEB)

Is anyone crying for help? GOD is listening, ready to rescue you. If your heart is broken, you'll find GOD right there; if you're kicked in the gut, he'll help you catch your breath. Disciples so often get into trouble; still, GOD is there every time.

— PSALMS 34:17-19 (MSG)

When I was desperate, I called out, and GOD got me out of a tight spot.

— PSALMS 34:6 (MSG)

당신의 삶에 이 말을 선포하라

오늘 내가 무슨 일을 당하든, 나는 주님의 도우심으로 그것을 헤쳐 나갈 수 있다. 성령의 능력과 하나님의 말씀의 진리로 나는 이길 것이다. 그분은 나를 지탱하시고 나를 격려하시고, 나를 강하게 하시고, 내가 극복할 수 있는 힘을 주신다. 내가 사방으로 에워싸이고 어디로 보나 힘들고 압박을 받더라도, 나를 대적 할 수 있는 그 누구보다 내 안에 계신 분이 크시므로 나는 짓눌리지 않을 것이다. 내가 곤혹을 당하고, 내가 어찌할 바를 모르고, 탈출구를 찾을 수 없다고 느껴도, 예수님이 항상 탈출구를 만드신다는 것을 알기 때문에 나는 절망에 굴복하지 않을 것이다! 내가 쫓기고, 핍박받고, 혹사당하더라도, 나는 주님이 나와 함께 하시고 항상 나를 붙드시고 계시기 때문에 걱정하거나 두려워하는 것을 거부한다. 내가 발을 헛디뎌 땅에 쓰러져도, 나는 나의 하나님이 소망의 하나님이기 때문에 그 싸움에서 결정적인 타격을 받지 않는다. 내가 포기하지 않고 그리스도께서 주시는 그 영원한 소망에 매달리는 한, 나는 멸망할 수 없다.

Speak These Words Over Your Life

No matter what I am facing today, with the Lord's help, I can make it through. By the power of the Holy Spirit and the truth of God's Word, I will overcome. He sustains me, encourages me, strengthens me, and empowers me to overcome. Even if I get hedged in, pressed on every side, troubled, and oppressed in every way, I will not be crushed because greater is He that is in me than anyone else who could come against me. Even if I suffer embarrassments and am perplexed and feel unable to find a way out, I will not give in to despair because I know Jesus always makes a way out! Even if I am pursued, persecuted, and hard driven, I refuse to worry or be afraid because the Lord is with me, and He is always with me, upholding me. Even if I am knocked off my feet and struck down to the ground, I am not knocked out of the fight because my God is the God of hope, and as long as I don't give up and I cling to that everlasting hope that Christ provides, I cannot be destroyed.

13장

나는 삶을 말할 수 있다

하나님이 말씀하시니 세상이 생겨났다. 그분은 우리를 그분의 형상으로 만드셨고, 우리의 말은 많은 사람들을 믿도록 이끌었던 것보다 훨씬 더 중요하다. 성경은 심지어 이렇게 말씀한다. "죽고 사는 것이 혀의 힘에 달렸나니 혀를 쓰기 좋아하는 자는 혀의 열매를 먹으리라"(잠 18:21).

우리의 말은 삶과 죽음의 힘을 쥐고 있지만, 우리는 그 말에서 나오는 말을 통제하는 대신 입을 거칠게 내버려 두었다. 우리의 말은 부정과 가혹한 비판을 전달하는 것이 아니라 듣는 사람들에게 생명과 소망을 주어야 한다. 많은 사람들은 "당신의 마음대로 살아라, 당신이 원하는 것을 말하라"라는 거짓말을 믿어 왔다. 그것은 좋은 소리 같지만, 그것의 진정한 속임수는 그것이 오직 한 사람에게만 먹힌다는 사실에 있다. 그것은 바로 당신이다. 이 철학을 따르다 보면 당신을 결국 당신의 삶과 주변 사람들의 삶에 부정적인 영향을 발생시키는 자기 중심적인 비평가로 만들어 내는 길로 끌어 내릴 것이다.

당신은 당신의 마음속에 떠오르는 모든 감정이나 생각을 표현해서는 안 된다. 대신 당신은 당신의 생각을 검토하고 걸러내야 한다. 당신의 말이, 설령 건설적인 비판이나 가혹한 진실을 전달해야만 할지라도, 여전히 듣는 사람을 실망시키지 않고 고양시킬 수 있도록 해야 한다. 세상은 비판자들로 가득하지만, 몇몇 격려자들이 절실하다! 성경은 우리의 말이 삶의 방향을 좌우한다고 말씀한다. 이것은 어떻게 될지 상관없이 당신이 당신의 상황을 바꿀 수 있는 능력을 가지고 있다는 것을 의미한다! 당신은 결코 희생자가 되어서는 안된다. 당신은 실수를 해서 당신을 곤경에 빠뜨렸을지도 모른다. 세상이 어떤 식으로든 당신을 학대했을지 모르지만, 당신이 용서와 치유를 찾을 수 있는 것은 하나님의 말씀을 통해서이며, 당신이 입으로 그분의 말씀을 고백하는 것은 여러분의 영혼속에 존재하는 삶을 형성하는 능력을 풀어준다. 성경은 하나님의 말씀이 생명이라고 말씀한다! 당신이 어떤 상황에서든 삶을 말하고 싶다면, 하나님이 그 상황에 대해 무슨 말씀을 하시는지 알아보고 믿음으로 그것을 큰소리로 말하라. 우리의 입과 마음은 하나님의 말씀으로 채워져야한다. 그러면 그것들이 생명으로 가득차게 될 것이기 때문이다. 당신의 삶에 하나님의 말씀을 선포하고 당신이 접촉하는 사람들에게 하나님의 말씀을 전하라. 삶을 말하라!

Chapter 13

I Can Speak Life

God spoke, and the world came into exis- tence. He made us in His image, and our words are much more significant than many people have been led to believe. The Bible even says,

"Death and life are in the power of the tongue, and they who indulge in it shall eat the fruit of it for death or life." Proverbs 18:21 (AMPC)

Our words hold the power of life and death, and yet so many times, we let our mouth run wild instead of controlling the words that come out of it. Our words should not convey nega- tivity and harsh criticism but rather minister life and hope to those who hear them. Many have believed the lie, "Live how you feel, say what you want." It sounds good, but its true decep- tion lies in the fact that it only caters to one person: you. Following this philosophy will lead you down a road that eventually creates a self-centered critic that breeds negativity in your life and in the lives of those around you.

You shouldn't express every feeling or thought that comes to your mind; instead, you should examine your thoughts and filter them so that your words, even if they must convey constructive criticism or a harsh truth, will still leave the hearer uplifted, instead of down- trodden. The world is full of critics, but it is desperate for some encouragers! The Bible tells us that our words govern our direction in life. This means you have the capacity to change your situation regardless of what it may be! You never have to be a victim. You may have made mistakes that have put you in a bad spot. Though the world may have abused you in any number of ways, it's through God's Word that you can find forgiveness and healing, and confessing His Word with your mouth releases the life-shaping power that resides within your spirit. The Bible says God's Word is life! If you want to speak life over any situation, then find out what God has to say about it, and then speak it out loud with faith. Our mouths and minds should be filled with God's words, because then they will be filled with life. Speak God's Word over your life and with those you come in contact with. Speak life!

† 성경

"하나님 아는 것을 대적하여 높아진 것을 다 무너뜨리고 모든 생각을 사로잡아 그리스도에게 복종하게 하니."

- 고후 10:5

"우리가 말들의 입에 재갈 물리는 것은 우리에게 순종하게 하려고 그 온 몸을 제어하는 것이라 또 배를 보라 그렇게 크고 광풍에 밀려가는 것들을 지극히 작은 키로써 사공의 뜻대로 운행하나니 이와 같이 혀도 작은 지체로되 큰 것을 자랑하도다 보라 얼마나 작은 불이 얼마나 많은 나무를 태우는가."

- 약 3:3-5

"믿음으로 모든 세계가 하나님의 말씀으로 지어진 줄을 우리가 아나니 보이는 것은 나타난 것으로 말미암아 된 것이 아니니라."

- 히 11:3

Scriptures

We are destroying sophisticated arguments and every exalted and proud thing that sets itself up against the true knowledge of God, and we are taking every thought and purpose captive to the obedience of Christ,

– 2 CORINTHIANS 10:5 (AMP)

A bit in the mouth of a horse controls the whole horse. A small rudder on a huge ship in the hands of a skilled captain sets a course in the face of the strongest winds. A word out of your mouth may seem of no account, but it can accomplish nearly anything—or destroy it!

– JAMES 3:3-5 (MSG)

By faith that is, with an inherent trust and enduring confidence in the power, wisdom and goodness of God we understand that the worlds (universe, ages) were framed and created formed, put in order, and equipped for their intended purpose by the word of God, so that what is seen was not made out of things which are visible.

– HEBREWS 11:3 (AMP)

당신의 삶에 이 말을 선포하라

나는 내 몸에 생명, 건강, 치유, 힘, 활력을 선포한다. 나는 내 몸이 하나님이 의도하신 대로 움직이고 작동하도록 명령한다. 나는 내 마음에 평화, 기쁨, 초자연적인 지능, 이해를 선포한다. 나는 내 마음에 신속하고, 예리하고, 재치 있고, 강하고, 평화롭고, 기쁨으로 충만하고, 정신을 바짝 차리도록 명령한다. 나는 그리스도의 마음과 이 땅에서 성취하시기 위해 하나님이 나를 부르신 일로부터 나를 지체하게 하지 않을 몸을 가지고 있다. 나는 내 재정에 대해 되풀이해서 선포하고 내 빚이 줄어들고 없어지고 있다고 선언한다. 나는 하나님이 그분의 자녀로 내게 주신 풍부한 유산을 주장한다. 나는 내가 하도록 부름받은 모든 것을 성취하기에 충분하며, 내가 주고 누릴 수 있는 많은 것을 남겼다. 나는 나의 모든 관계에 대해 선포하고 그들이 결실을 맺고 모든 쓰라림과 부정은 없어져야 하며, 사랑과 평화를 위한 길을 만들어야 한다고 선언한다. 나는 내 가족을 건강하고, 안전하고, 복을 받았다고 여긴다. 마지막으로 하나님이 나에게 주신 목적을 성취하고, 성령의 인도하심에 민감하게 반응하며, 하나님이 내게 주신 모든 것으로 충만한 삶을 누리겠다고 선언한다.

Speak These Words Over Your Life

I speak life, health, healing, strength, and vitality to my body. I command my body to operate and function the way God intended it to. I speak peace, joy, supernatural intelli- gence, and understanding to my mind. I command my mind to be quick, sharp, witty, strong, at peace, full of joy, and alert. I have the mind of Christ and a body that will not hold me back from what God has called me to accomplish on this earth. I speak over my finances, and I declare that my debts are being reduced and eliminated. I claim the inheri- tance of abundance that He's given to me as His child. I have enough to accomplish all that I am called to do, with plenty left over for me to give and enjoy. I speak over every one of my relationships, and I declare that they be fruitful, that all bitterness and negativity must go, and to make way for love and peace. I call my family healthy, safe, and blessed. Finally, I declare that I will accomplish the purpose God has given me, I will be sensitive to the leading of the Holy Spirit, and I will enjoy a life full of all that God has given me.

14장
나는 성령의 인도하심을 받을 수 있다

당신은 하나님의 영을 따를 수 있다. 당신이 예수님을 당신의 개인적인 주님과 구세주로 영접할 때 성령이 사시기 위해서 당신 안에 사신다. 많은 사람들은 성령이 예측할 수 없고 불가사의한 어떤 환상적인 존재라고 가르침을 받아왔다. 하지만, 성경은 성령이 누구이시고 그분이 무엇을 하시기 위해 여기 계시는지를 명확하게 보여준다. 그분은 우리를 돕는 분이시자, 상담하시는 분이자 선생님이시다. 그분은 우리가 성경을 이해하는 것을 조력하시고 궁극적으로 우리가 우리의 삶에 대한 하나님의 계획을 성취하는 것을 조력하시고, 우리가 인생의 격동하는 물길을 항해하는 것을 조력하신다.

그분이 우리를 인도하실 수 있는 방법은 많으시지만, 일상생활에서 가장 흔한 두 가지 방법이 있으시다. 그것은 성경과 평안을 통해서이다. 성령은 항상 성경을 확증하시고 결코 성경과 모순되지 않으실 것이다. 당신이 무엇을 해야 할지 궁금하다면, 당신이 항상 확인해야 할 일은 첫째로 성경이다. 말씀을 더 많이 읽을수록, 당신 자신의 생각과 견해와 성령의 생각나게 하심의 차이를 더 많이 알아낼 수 있다. 성경은 성령의 영감을 받아 하나님의 생각을 우리에게 전달한다. 당신은 하나님이 생각하시는 방법을 더 많이 듣고 읽을수록 당신은 그분의 영을 통해 당신에게 주시는 생각과 인도하심을 더 많이 알아낼 수 있고 그에 따라 행동할 수 있다.

그분이 인도하시는 두 번째 방법은 그분의 평안을 통해서다. 매일 우리에게 압력과 걱정이 닥치지만, 그러나 우리가 우리의 신뢰를 굳게 하나님께 둘 때, 그분은 우리의 짐을 그분의 평안으로 바꾸신다. 성경은 그것을 "인간의 이해를 뛰어넘는 평안"이라고 부른다. 그것은 당신 주변에 문제가 있을 때 자연적으로 이해가 되지 않는 수준의 평화이기 때문이다. 평안으로 알려진 이러한 상태를 통해 우리는 우리가 어디로 가야 하고 무엇을 해야 하는지를 분별할 수 있다. 결정을 내리기 전에 당신의 마음을 점검하고 그것을 하는 것에 대해 평안을 느끼는지 혹은 그것에 대해 평안이 없다고 느끼는지 살펴보라. 그러니 성령의 도움을 요청하고, 그분의 조언을 구하고, 성경 말씀에 기초를 두고 충만하기를 구하라! 그분의 평화를 따라가면, 당신은 당신이 있어야 할 곳에 성령을 따라가는 자신을 발견하게 될 것이다.

Chapter 14

I Can Be Led By The Holy Spirit

You can follow the Spirit of God. The Holy Spirit came to live and dwell in you when you accepted Jesus as your personal Lord and Savior. Many have been taught that the Holy Spirit is some fantastical being that is unpredictable and mysterious. However, the Bible clearly identifies who the Holy Spirit is and what He is here to do. He is our Helper, Counselor, and Teacher. He helps us under- stand the Scriptures and ultimately assists us in fulfilling God's plan for our lives, helping us navigate the tumultuous waters of life.

Though there are many ways He can lead us, there are two ways that He leads that are most common in our everyday life: through the Bible and through peace. The Holy Spirit always confirms the Bible, He will never contradict it. If you have a question of what to do, the first place you should always check is the Bible. The more you read the Word, the more you will be able to recognize the difference between your own thoughts and ideas and the promptings of the Holy Spirit. The Bible is inspired by the Holy Spirit and conveys God's thoughts to us. The more you listen to and read the way God thinks, the more you are able to recognize and then act on the thoughts and leadings He gives to you through His Spirit.

The second way He leads is by His peace. Pressures and worries come at us daily, but when we place our confident trust in God to help us, then He replaces our burdens with His peace. The Bible calls it "a peace that passes human understanding," and that is because it is a level of peace that doesn't make natural sense when you have problems all around you. It's through this state of being known as peace that we are able to discern where to go and what to do. Before making a decision, check your heart and see if you feel peace about doing it or if you feel an absence of peace concerning it. So, ask for the Holy Spirit's help, seek His counsel, fill up on the Bible, follow after His peace, and you'll find yourself right where you need to be—following the Holy Spirit.

† 성경

"무릇 하나님의 영으로 인도함을 받는 사람은 곧 하나님의 아들이라."

- 롬 8:14

"그리스도의 평강이 너희 마음을 주장하게 하라 너희는 평강을 위하여 한 몸으로 부르심을 받았나니 너희는 또한 감사하는 자가 되라."

- 골 3:15

"기록된 바 하나님이 자기를 사랑하는 자들을 위하여 예비하신 모든 것은 눈으로 보지 못하고 귀로 듣지 못하고 사람의 마음으로 생각하지도 못하였다 함과 같으니라 ."

- 고전 2:9

Scriptures

For all who are led by the Spirit of God are children of God.

– ROMANS 8:14 (NLT)

And let the peace (soul harmony which comes) from Christ rule (act as umpire contin- ually) in your hearts deciding and settling with finality all questions that arise in your minds, in that peaceful state to which as members of Christ's one body you were also called to live. And be thankful (appreciative), giving praise to God always.

– COLOSSIANS 3:15 (AMPC)

…What eye has not seen and ear has not heard and has not entered into the heart of man, all that God has prepared (made and keeps ready) for those who love Him who hold Him in affectionate reverence, promptly obeying Him and gratefully recognizing the benefits He has bestowed. Yet to us God has unveiled and revealed them by and through His Spirit, for the Holy Spirit searches dili- gently, exploring and examining everything, even sounding the profound and bottomless things of God the divine counsels and things hidden and beyond man's scrutiny.

– 1 CORINTHIANS 2:9(B)-10 (AMPC)

당신의 삶에 이 말을 선포하라

　성령이 나와 함께 하신다. 나는 그분을 나의 스승으로 나를 인도하시는 분으로 또한 매우 소중한 친구로 의지하기로 결정했다. 나는 하나님의 말씀 안에 있는 진리와 나의 삶에 대한 하나님의 계획과 목적의 구체적인 본질을 드러내기 위해서 그분을 신뢰하고 그분을 바라볼 것이다. 나는 성령이 모든 일에 나를 이끄시고 인도하시고 지도하실 수 있도록 더 가까이 다가가고 성령의 음성에 더 민감해지려고 노력한다. 그분의 도움으로 나는 신성한 진리, 통찰, 계시의 적용과 성령의 능력 부어주심을 통해 매일의 삶을 바꾸고 변화시킬 수 있을 것이다. 어려움을 겪을 때, 나는 나를 조심하게 하시고 나는 인도하실 수 있도록 하나님과 그분의 성령을 믿는 쪽을 선택한다. 그리고 마지막으로, 나는 성령이 나를 통해 빛을 발하셔서 나에게 선하심과 자비하심을 베푸시는 쪽을 선택한다.

Speak These Words Over Your Life

The Holy Spirit is with me. I choose to lean on Him as my teacher, my guide, and also as a very dear friend. I shall trust Him, and look to Him, to reveal the truth in God's Word, and the specific nature of God's plan and purpose for my life. I endeavor to grow closer and be more sensitive to the voice of the Holy Spirit so that He may lead, guide, and direct me in all things. With His help, I will be able to change and transform daily through the application of divine truths, insights, and reve- lations, and through the impartation of the Holy Spirit. In times of trouble, I choose to trust in God, and His Holy Spirit to warn me and guide me out. And finally, I choose to let the Holy Spirit shine through me producing goodness and mercy in my wake.

15장

나는 나의 꿈을 성취할 수 있다

오늘의 삶은 대부분 당신이 과거에 내린 결정의 산물이다. 이것은 실패라고 느끼는 사람들에게는 슬픈 현실이 될 수 있다. 그들의 꿈은 실현되지 않았고 그들의 목표는 성취되지 않았다. 그리고 그들의 이야기가 오늘 끝났다면 그것은 참으로 비극이 될 것이다. 그러나 좋은 소식은 이것이 당신의 이야기의 끝이 아니라는 것이다. 당신은 여전히 당신이 내리는 모든 결정으로 당신의 이야기를 쓰고 있다. 숨을 쉬는 동안 당신에게는 소망이 있고 꿈에 대한 소망이 있다.

당신의 과거가 당신의 현재를 결정한 것처럼 당신의 현재가 당신의 미래를 결정하기 때문에 당신의 삶이 당신이 생각한 대로 되지 않았다고 해서 낙담하지 말라! 다시 꿈을 꿀 시간이다! 당신이 내리는 결정으로 당신의 미래를 바꾸라. 오늘부터 시작하라! 과거에는 그것을 당신 자신의 공로와 능력으로 해보려고 했지만 이제는 지원과 인도를 위해 하나님을 의지할 때이다. 그것은 훈련이 필요할 것이다. 당신의 꿈은 당신에게 저절로 굴러들어 오지 않을 것이다. 그러나 당신은 당신의 운명을 성취하기 위해 당신의 동반자로 아버지 하나님과 당신의 인도자로 성령이 계신다. 사실은, 당신만이 꿈을 꾸는 것이 아니다. 당신은 하나님의 자녀이다. 그분도 당신이 성취하고, 성공하고, 멋진 가족과 함께 있고, 그리고 가장 중요한 것은 그분과 친밀한 관계를 맺는 것을 보시려는 당신에 대한 꿈이 있으시다.

　하나님은 당신이 번영할 곳, 그분이 당신에게 은혜를 베푸실 일, 당신이 소중히 여길 가족, 그리고 궁극적으로 당신의 모든 노력에 즐거운 평화를 베푸실 의향이 있으시다. 그것은 환상이 아니다. 그것은 당신의 현실이다! 하나님은 당신이 어떤 모험을 하거나 혼자 어떤 일을 하도록 결코 의도하지 않으셨다. 무엇이든지 간에 하나님은 그 일부가 되시고 싶어하시고, 그분은 여러분의 삶의 모든 영역에서 여러분을 돕고 싶어하신다. 당신이 몇 살이든, 당신이 몇 번이나 실패했는지는 중요하지 않다. 하나님은 당신이 목표를 달성하도록 도우시고 그분이 당신 안에 두신 꿈을 구체화할 준비가 되어 있으시다! 그것이 취할 수 있는 일의 불가능성에 시간을 허비하지 말라. 당신의 아버지 하나님이 얼마나 크시고 얼마나 좋으신 분인지 묵상하면서 시간을 보내라! 미래를 위해 하나님께 기도하고 구하는 동안, 운명을 향한 첫걸음은 간단하다. 하나님을 사랑하고 다른 사람을 사랑하라! 당신이 내린 결정에 대한 당신의 지침으로 이 두 가지 지시를 지키면, 당신은 당신을 위한 당신과 하나님의 꿈을 향한 올바른 길을 가게 될 것이다.

Chapter 15

I Can Achieve My Dreams

Your life today is mostly the product of the decisions you have made in the past. This can be a sad reality for some who feel like failures, with their dreams unrealized and their goals unfulfilled. And if their story was to end today, it would be a tragedy indeed. But the good news is that this is not the end of your story. You are still writing your story with every deci- sion you make. While you draw breath, there is hope for you and hope for your dreams.

Do not be discouraged if your life has not turned out the way that you thought, because just like your past has determined your present, your present determines your future! It's time to dream again! Change your future with the deci- sions you make—starting today! In the past, you may have tried to make it on your own merits and abilities, but now it's time to lean on God for support and guidance. It will take disci- pline—your dream won't just fall in your lap— but you have your Father God as a companion and the Holy Spirit as your guide to fulfill your destiny. The truth is, you are not the only one dreaming. You are God's kid, He has a dream for you too—to see you fulfilled, successful, with a wonderful family, and most importantly an intimate relationship with Himself.

God has a place where you will flourish, a job that He has grace for you to do, a family for you to cherish, and ultimately a disposition of joyful peace in all of your endeavors. It's not a fantasy; it's your reality! God never intended you to go into any venture or to undertake anything alone. Whatever it is, God wants to be a part of it, and He wants to help you in every area of your life. It doesn't matter how old you are or how many times you have failed, God is ready to help you achieve your goals and give shape to the dreams He's placed inside of you! Don't spend time dwelling on the impossibilities of what it will take; spend time meditating on how big and how good your Father God is! As you pray and seek God for your future, your first step towards your destiny is simple— love God and love others! As you keep these two directives as your guidelines for the decisions you make, you'll be on the right path towards your—and God's—dream for your life.

† 성경

"대저 하나님의 모든 말씀은 능하지 못하심이 없느니라."

- 눅 1:37

"여호와의 말씀이니라 너희를 향한 나의 생각을 내가 아나니 평안이
요 재앙이 아니니라 너희에게 미래와 희망을 주는 것이니라."

- 렘 29:11

" 너의 행사를 여호와께 맡기라 그리하면 네가 경영하는 것이 이루어
지리라."

- 잠 16:3

"너희에게 인내가 필요함은 너희가 하나님의 뜻을 행한 후에 약속하
신 것을 받기 위함이라."

- 히 10:36

Scriptures

For with God nothing shall be impossible.

— LUKE 1:37 (KJV)

"For I know the plans I have for you," says the Lord. "They are plans for good and not for disaster, to give you a future and a hope."

— JEREMIAH 29:11 (NLT)

Roll your works upon the Lord commit and trust them wholly to Him; He will cause your thoughts to become agreeable to His will, and so shall your plans be established and succeed.

— PROVERBS 16:3 (AMPC)

For you have need of steadfast patience and endurance, so that you may perform and fully accomplish the will of God, and thus receive and carry away and enjoy to the full what is promised.

— HEBREWS 10:36 (AMPC)

당신의 삶에 이 말을 선포하라

나는 하나님이 나에게 주신 운명을 성취할 것을 선언한다. 나는 주님이 주신 꿈과 목표를 성취할 것이다. 내가 곁길로 빠지거나 갈피를 못잡거나, 나의 과거의 실수와 실패가 내 미래를 틀어지게 하기 위해 위협해도, 내 안의 모든 것이 수건을 집어던지고 포기하라고 애원하면서 때리고 두들겨 맞고 멍이 들었다 해도, 그 때도 나는 패배를 인정하지 않을 것이다. 내가 가진 이 꿈은 단지 내 것이 아니다. 그들은 하나님이 내 안에 두셨으며, 그분의 도우심으로 나는 그 목표들이 성취되고 꿈이 실현되는 것을 보기 위해 있는 모든 것을 가지고 싸울 것이다. 그리고 내 힘이 약해질 때 나는 그분이 그분의 자녀인 내가 활용할 수 있는 하나님의 헤아릴 수 없는 능력의 부와 깊이의 표면조차도 긁지 않았다는 것을 알고 있다. 그래서 나는 나의 꿈을 성취할 수 있고, 나의 꿈을 성취할 것을 과감하게 선언한다!

Speak These Words Over Your Life

I declare that I will fulfill my God-given destiny. I will achieve the dreams and the goals that the Lord has given me. Even if I have been sidetracked or distracted, even if the mistakes and failures of my past have threat- ened to derail my future, even if I feel battered, beaten, and bruised with everything in me begging to throw in the towel and give up, even then, I will not concede defeat. These dreams I have are not just mine; they were placed inside me by God, and with His help, I will fight with all that I am to see those goals accomplished and dreams realized. And when my strength fades, I know I haven't even scratched the surface of the wealth and depth of God's immeasurable power He made avail- able to me, His child. So, I boldly declare I can, and I will, achieve my dreams!

16장
나는 일어날 수 있다

그리스도를 죽은 사람들 가운데서 살리신 성령이 당신 안에 살아 계신다! 당신의 구덩이가 얼마나 깊고 얼마나 어두울지는 중요하지 않다. 당신은 당신의 실패에 의해 묻혀있어서는 안된다. 당신의 수치심과 후회는 당신의 야망을 위한 무덤으로 남을 필요가 없으며, 당신의 영혼은 무너질 필요가 없다. 그리스도를 죽음과 죄의 손아귀에서 떼어내어 높이 올라가게 하신 그 꺾을 수 없는 영은 또한 어떤 구덩이에서든지 당신을 일으켜 세우실 수 있다.

이제 당신이 일어나야 할 때가 왔다. 당신의 고난의 침대에서 일어나라. 우울증과 절망에서 일어나라. 다른 사람의 의견보다 우위에 서라. 당신의 실패에 대한 수치심과 후회에서 벗어나라. 평범함에서 벗어나라. 당신을 사로잡은 죄에서 벗어나라. 이제는 당신의 정체성을 당신의 과거가 아니라 그리스도께서 당신을 누구라고 말씀하시는지에 근거할 때다. 한때 당신을 붙잡았던 무거운 것을 벗어던지고, 당신의 마음속에 소망을 품고, 감히 꿈을 꾸고, 감히 발견하고, 감히 이겨내고, 감히 계속해서 노력하고, 감히 당신이 믿는 것에 따라 행동할 수 있도록 해야 할 때이다! 당신은 모든 사람들 가운데서 권한을 부여받고 가장 강력한 무기를 갖추고, 하나님을 믿는 하나님의 자녀이다! 당신의 과거는 더 이상 당신을 붙잡을 수 없다! 당신의 현재가 그리스도로 가득차 있기 때문에 당신의 미래는 밝다! 그분은 맨 먼저 일어나셨고, 그분이 하셨던 것처럼 우리 모두가 일어날 수 있도록 우리 각자를 위해서 길을 닦으셨다. 하나님은 길을 닦으시고, 소망을 주시고, 그분의 나라의 상속자로 정당한 자리로 그분의 자녀들을 되돌려 놓으시기 위해 예수님을 보내셨다.

어둠은 친숙하고 피할 수 없는 것처럼 보일 수 있지만, 당신은 빛에 의해 그리고 빛을 위해 창조되었다. 하나님의 말씀의 진리를 믿는 것을 당신의 상황이 당신을 흔들리게 하지 말라. 폭풍이 불어도, 그분이 당신에게 하신 말씀을 굳게 붙잡고, 행동함으로 구덩이에서 일어나라. 예수님은 당신의 동반자시요, 당신의 친구시요, 당신의 옹호자시요, 당신의 도움이시요, 당신의 지원자시다! 당신이 미끄러지면, 그분은 매번 당신을 붙잡으실 것이다. 당신이 길을 잃으면 그분이 당신을 찾으실 것이다. 당신의 힘이 떨어지면 당신이 숨을 돌릴 때까지 그분이 당신을 떠받치실 것이다. 당신에게 소망이 있다! 당신의 미래에는 자유와 기쁨이 있다.

Chapter 16

I Can Rise

The same Spirit that raised Christ from the dead lives in you! It doesn't matter how deep or how dark your pit may be; you do not have to be buried by your failures. Your shame and regret do not have to remain as a tomb for your ambitions, and your spirit does not have to be broken. That same unbreakable Spirit that ripped Christ out of the clutches of death and sin, causing Him to ascend on high, can also raise you out of whatever pit you find yourself in!

The time has come for you to RISE! Rise out of your bed of affliction. Rise out of depression and despair. Rise above the opinions of others. Rise out of the shame and regret of your failures. Rise out of mediocrity. Rise out of the sin that has ensnared you. It's time to base your identity on who Christ says you are instead of your past. It's time to throw off the weights that once held you, allow hope to rise within your heart, dare to dream, dare to discover, dare to overcome, dare to keep trying, and dare to act upon what you believe!

You are a child of God, empowered and equipped with the

mightiest weapon of all, faith in God! Your past cannot hold you any longer! Your future is bright because your present is filled with Christ! He was the first one to rise, and He's paved the way for each and every one of us to rise just as He did. God sent Jesus to pave the way, to give hope, and to restore His children to their rightful place as heirs to His kingdom.

The darkness can be familiar and seem inescapable, but you were made by and for the light. Don't allow your circumstances to shake you from believing the truth of God's Word. Even when the storm winds blow, hold fast to the words He has spoken to you and rise out of the pit by acting upon them! Jesus is your companion, your friend, your advocate, your help, and your support! If you slip, He'll catch you every time. If you get lost, He'll find you. If your strength fails, He'll carry you until you catch your breath. There is hope for you! There is freedom and joy in your future.

† 성경

"일어나라 빛을 발하라 이는 네 빛이 이르렀고 여호와의 영광이 네 위에 임하였음이니라"

- 사 60:1

"그러므로 이르시기를 잠자는 자여 깨어서 죽은 자들 가운데서 일어나라 그리스도께서 너에게 비추이시리라 하셨느니라"

- 엡 5:14

"예수를 죽은 자 가운데서 살리신 이의 영이 너희 안에 거하시면 그리스도 예수를 죽은 자 가운데서 살리신 이가 너희 안에 거하시는 그의 영으로 말미암아 너희 죽을 몸도 살리시리라"

- 롬 8:11

Scriptures

Arise from the depression and prostration in which circumstances have kept you—rise to a new life! Shine (be radiant with the glory of the Lord), for your light has come, and the glory of the Lord has risen upon you!

— ISAIAH 60:1 (AMPC)

for the light makes everything visible. This is why it is said, "Awake, O sleeper, rise up from the dead, and Christ will give you light."

— EPHESIANS 5:14 (NLT)

Yes, God raised Jesus to life! And since God's Spirit of Resurrection lives in you, he will also raise your dying body to life by the same Spirit that breathes life into you!

— ROMANS 8:11 (TPT)

당신의 삶에 이 말을 선포하라

그리스도 예수님을 죽은 사람들 가운데서 살리신 것과 같은 영이 내 안에 살아 계신다. 그 부활의 능력은 나를 억압하고 내가 삶을 최대한 살지 못하게 하려는 어떤 것보다도 더 뛰어난 힘과 꿋꿋함과 능력을 내게 준다. 나는 감히 이겨낸다. 나는 감히 계속 시도한다. 나는 감히 내가 믿는 대로 행동한다!

나는 일어설 것이다!

나는 우울증과 절망에서 벗어날 것이다. 나는 부끄러움과 후회로부터 일어설 것이다. 나는 평범함에서 벗어날 것이다. 나는 죄에서 벗어날 것이다. 나는 다른 사람의 의견을 뛰어넘을 것이다. 나는 그리스도께서 나를 누구라고 말씀하시느냐에 근거해서 내 정체성을 선택한다. 나는 한때 나를 지탱했던 무거운 짐을 벗어던지고 있다. 나는 감히 꿈을 꾼다. 나는 감히 발견한다. 나는 하나님의 자녀이며, 모든 사람들 가운데서 가장 강력한 권한을 부여받고 무기를 갖춘 하나님을 믿는 사람이다. 나의 과거는 더 이상 나를 붙잡을 수 없다! 나의 현재는 그리스도로 가득 차서 나의 미래는 밝다!

Speak These Words Over Your Life

The same Spirit that raised Christ Jesus from the dead lives in me. That resurrection power gives me the strength, fortitude, and power to rise above anything that would try to hold me down and keep me from living life to the fullest measure. I dare to overcome. I dare to keep trying. I dare to act upon what I believe!

I will rise!

I will rise out of depression and despair. I will rise out of shame and regret. I will rise out of mediocrity. I will rise out of sin. I will rise above the opinions of others. I choose to base my identity on who Christ says I am. I'm throwing off the weights that once held me. I dare to dream. I dare to discover. I am a child of God, empowered and equipped with the mightiest weapon of all, faith in God! My past cannot hold me any longer! My future is bright because my present is filled with Christ!